Reprint Publishing

FÜR MENSCHEN, DIE AUF ORIGINALE STEHEN.

www.reprintpublishing.com

UNTERSUCHUNGEN

ÜBER

DIE BRANDPILZE

und die durch sie verursachten

Krankheiten der Pflanzen

mit Rücksicht auf das Getreide und andere Nutzpflanzen.

Von

ANTON DE BARY.

MED. DR.

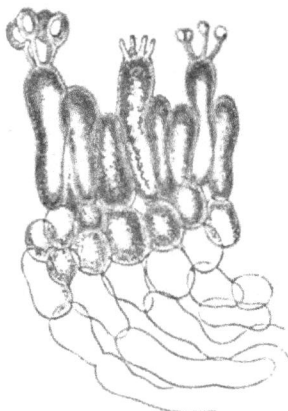

Mit acht lithographirten Tafeln.

BERLIN.

Verlag von G. W. F. Müller.

1853.

UNTERSUCHUNGEN

ÜBER

DIE BRANDPILZE

und die durch sie verursachten

Krankheiten der Pflanzen

mit Rücksicht auf das Getreide und andere Nutzpflanzen.

Von

ANTON DE BARY.

MED. DR.

Mit acht lithographirten Tafeln.

BERLIN.
Verlag von G. W. F. Müller.
1853.

Seinem Lehrer

ALEXANDER BRAUN

in Verehrung und Dankbarkeit

gewidmet

vom Verfasser.

Vorwort.

Das Interesse, welches die Brand- und Rostkrankheiten der Pflanzen und ihr Verhältnifs zu den jedesmal dabei gefundenen Pilzen für Landwirthe und Botaniker darbieten, die in manchen Beziehungen lückenhafte Kenntnifs dieser Pilze, und die mannigfachen Controversen über ihr Verhältnifs zu den betreffenden Krankheiten, ob sie Ursachen oder Producte derselben seien, haben mich veranlafst, dem Publicum diese Schrift vorzulegen. Es sind über den Gegenstand in neuerer Zeit, besonders von Frankreich aus, treffliche Beiträge geliefert worden; sie haben indessen noch Manches unerledigt gelassen, das ich durch vorliegende Untersuchungen zu vervollständigen bemüht war.

Die Zurückführung der Pilzbildungen auf allgemeine Entwicklungsgesetze liegt noch sehr im Argen; ihr und ihrer Anwendung auf Systematik sind daher zunächst die beiden ersten Abschnitte gewidmet, indem sie die Entwicklung einer Reihe von Pilzgattungen, und die Verwandtschaften dieser mit den Pilzen überhaupt behandeln. Die hier kurz entwickelten Ansichten über die Eintheilung und Gruppirung der pilzartigen Gewächse weichen von den bisher bestandenen wesentlich ab. Mögen sie auch im Einzelnen noch Berichtigungen erfahren, so scheinen doch die Mängel der bisherigen Pilzsysteme zu bedeutend, um die Resultate neuer Untersuchungen immer wieder dem alten Systeme anzupassen, ohne Veränderungen vorzuschlagen, welche durch jene nothwendig geboten werden. Beobachtungen über die Pilze, welche Brand und Rost begleiten, führen mit Nothwendigkeit auf die Frage über das gegenseitige Verhältnifs von Pilz und Krankheit. Die Vergleichung meiner Resultate mit der betreffenden Litteratur veranlafsten mich zur Ausarbeitung des dritten Abschnitts, welcher die hierüber herrschenden Ansichten, durch Folgerungen aus den vorliegenden Thatsachen vervollständigen soll. Eine Anzahl von Abbildungen war zur gröfseren Verständlichkeit nothwendig; sie sind im Texte, der Kürze halber, so citirt, dafs die Tafel durch römische, die Figur durch arabische Ziffern bezeichnet werden.

Es war nicht mein Zweck eine Monographie aller Brandpilze zu geben. Das Studium der Entwicklungsgesetze an einer Reihe von Typen schien mir für den heutigen Stand der Wissenschaft zunächst wichtiger, und nothwendige Vorbedingung zur Erforschung der Einzelheiten. Ob und wann es mir möglich werden wird, manche Punkte über die Brand- und Rostkrankheiten durch Culturversuche zu erledigen, kann ich nicht wissen. Ruhig abwarten schien mir aber weniger räthlich, als durch Mittheilung einer Reihe von Beobachtungen Denjenigen Andeutungen dazu zu geben, welchen das erforderliche Terrain zur Verfügung steht.

Diese Punkte mögen die Veröffentlichung und Anordnung vorliegender Arbeit rechtfertigen. Indem ich dieselbe der nachsichtigen Beurtheilung des Lesers empfehle, habe ich nur noch hinzuzufügen, dafs, was Gewissenhaftigkeit in den gegebenen Beobachtungen, Ausführung der Zeichnungen und Benutzung der Litteratur betrifft, Nichts versäumt wurde, was in meinen Kräften stand.

Berlin, den 1. April 1853.

Der Verfasser.

Inhalt.

I. Specielle Beobachtungen über Bau und Entwickelung der Brandpilze.

1. Ustilago.

Die von **Fries** (Syst. myc. III, p. 517) aufgestellte Gattung *Ustilago* (Flugbrand), umfasst im Allgemeinen diejenigen Brandpilze, welche im reifen Zustand nicht in Form mehr oder minder regelmäfsiger und circumscripter Pusteln, welche nach aufsen Sporen absondern, sondern als unregelmäfsige, oft mifsgestaltete Anhäufungen von kleinen, schwarzbraunen oder dunkelvioletten Sporen auftreten, welche gewisse Pflanzentheile anfüllen und ihr Gewebe zerstören, oder überziehen, und dadurch ihre Lebensverrichtungen hemmen. So lange man nur die Sporen der Brandpilze kannte, hatte man gewissermafsen ein Recht, diese Gebilde mit den übrigen Uredines zu vereinigen, wie dies zuerst von **Persoon** geschehen ist, denn die mehr massig angehäuften, kleinen, mit mehr homogenem Inhalt erfüllten, dunkler gefärbten Sporen würden allein eine generische Trennung nicht rechtfertigen. Wenn daher **Fries** (l. c.) und **Corda** (Ic. fung. T. IV.) eine solche Trennung vornahmen, so lagen die Gründe dafür nicht in den von den Autoren angegebenen Characteren, sondern in Vegetationsverschiedenheiten, welche nicht ihrem Grund, sondern nur ihrem Effect nach, durch die von ihnen bedingten Habitusverschiedenheiten zur Anschauung kamen.

1

Der erste, welcher bei diesen Pilzen noch andere Theile beschreibt als die Sporen, ist Meyen[1]). Er gibt an, dafs sich im Innern der grofsen, saftigen Zellen, welche die Auswüchse der brandigen Maispflanzen constituiren, kleine, anfangs unregelmäfsig geformte, durchsichtige Schleimablagerungen bilden, aus welchen fadenförmige ungegliederte und sich verästelnde Gebilde hervorgehen. Diese »Pflänzchen« nun verzweigen sich wiederholt und büschelig und fangen an, ohne erkennbare Regel, an sich kleine kugelförmige Körper abzuschnüren, bis endlich das ganze Gebilde in solche zerfallen ist, zugleich mit Auflösung und Verjauchung der umgebenden Zellenwände. Aehnliches, nur minder ausführlich sagt Léveillé 1839[2]), indem er als die jungen Zustände von Ustilago Maidis kurze ästige gegliederte Fäden beschreibt, an denen sich die Sporen entwickeln — wie wird unentschieden gelassen, und dafs sie im Innern der Zellen entstehen, nicht gesagt.

In der 1841 erschienenen Pflanzenpathologie (p. 103) bestätigt Meyen seine frühern Beobachtungen und fügt neue über die Bildung des Stengel-Staubbrandes (Caeoma Hypodytes Schl.) hinzu. Auf dem erkrankten Halm, zwischen dessen Oberfläche und der umschliefsenden Blattscheide zeigt sich zu Anfang des Sommers eine gelbliche, weiche, wie es scheint aus feinen mit einander verklebten Schleimfasern bestehende Masse, die an ihrer Oberfläche wiederum die kleinen »Brandbläschen« durch Abschnürung an der Spitze jener faserartigen Gebilde erzeugt; allmählich geht die ganze Masse in jene braunen Bläschen über.

L — R. und Ch. Tulasne haben später[3]) sehr schätzens-

---

[1]) Ueber die Entwicklung des Getreidebrands in den Maispfl. Wiegmanns Arch. 1837.

[2]) Recherches sur le développement des Urédinées. Ann. des sc. nat. 2. série. t. XI p. 5—16.

[3]) Mémoire sur les Ustilaginées comparées aux Urédinées. Ann. des science. nat. 3. série t. VII (1847) p. 12—127, pl. 2—7.

werthe Beiträge zur Kenntnifs dieser Gewächse geliefert. Der
jüngste Zustand von Ustilago Maidis, den sie erkannten, war
eine farblose gallertartig-schleimige Masse, welche die Intercellularräume und zuweilen selbst das Innere der Zellen erfüllte,
aus denen die Auswüchse an den erkrankten Maispflanzen bestehen. Je nach dem Alter des Pilzes zeigen sich in dieser
Gallerte mehr oder weniger rundliche Körperchen, von krüme-
liger Beschaffenheit und blasser Färbung, die Nuclei[1]) der zu-
künftigen Sporen. Die Bildung dieser wird vollendet, indem
um jeden der Inhaltskerne ein Contour auftritt, und sich nach
und nach auf Kosten des umgebenden Schleims eine doppelte
Membran um den Inhalt bildet, — Endosporium und Episporium; die Verdickung des letztern soll, auf Kosten der umgebenden Schleimmasse von innen nach aufsen geschehen. Zugleich wurden in der Peripherie der Räume, in welchen die
Sporenbildung stattfindet, kurze ästige Fäden beobachtet, deren
Bedeutung jedoch nicht erkannt[2]).

Aehnlich wird die Bildung der Sporen von Ustilago Antherarum in den Antheren von Lychnis flos Cuculi beschrieben:
sie entstehen hier in verschieden geformten Gruppen, zu je 3—4.

Neuerdings sind die Ustilagines von Léveillé[3]) in zwei
Genera getrennt worden; beide haben ein Mycelium, wie alle
Uredineen, auf und aus welchem die sporenbildende Schicht
(clinode) entsteht, und werden folgendermafsen characterisirt:

Microbotryum. Réceptacle[4]) sus-épidermique ou intra-tis-

---

[1]) Im Sinne Corda's; nicht Cytoblasten.
[2]) Bei Tilletia Caries Tul., dem Brande des Weizens, (Uredo DC.)
haben dagegen die Herren Tulasne die Entstehung der Sporen in den
Spitzen solcher Fäden und ihrer Aeste beschrieben.
[3]) Sur la dispos. method. des Urédinées. Ann. des scienc. natur. 3. série
t. VIII. und Etudes sur les champignons de la famille des Urédinées im
Dict. univers. d'histoire naturelle. Ich kenne nur den Separatabdruck dieser Arbeit, kann also ein genaueres Citat nicht geben.
[4]) »La partie basilaire, celle qui se développe immédiatement après le
mycelium peut être appelée indifféremment clinode ou réceptacle en raison

sulaire, rameux, ramifications terminées par un renflement charnu
celluleux sur lequel sont implantées les spores. Spores simples
et nues se désagrégeant en poussière.

(U. Antherarum, receptaculorum, Montagnei, Rudolphii Tul.)

Ustilago. Réceptacle composé de cellules très petites, irrégulières, recouvert de toutes parts de plusieurs couches de
cellules monospores (sporanges) qui se réduisent en poussière.
Spores nues, simples.

(U. segetum Pers. longissima Lév. Hypodytes Tul. Maydis
Lév.? etc.)

Ganz neuerdings hat noch Bonorden [1]) die Vermuthung
ausgesprochen, daſs die Ustilagines (von ihm mit allerhand an-
derem, z. B. Cystopus candidus in die Gattung Uredo zusammen-
gewürfelt) ein Mycelium besitzen.

Eigene Beobachtungen anzustellen hatte ich in folgenden
Fällen Gelegenheit.

Ustilago Maidis. Der Brand des Mais ist, wie bekannt,
kenntlich an den oft über faustgrofsen Excrescenzen, die er an
den erkrankten Pflanzen hervorruft und welche schliefslich von
dem schwarzbraunen Sporenpulver erfüllt sind. Dieselben finden
sich sowohl am Stengel, als auch an den männlichen und weiblichen Blüthentheilen, und von letzteren sowohl in den Fruchtknoten als in den Perigonialgebilden. Ich habe zur Untersuchung
der jüngsten Zustände hauptsächlich afficirte Stengelstücke ge-
wählt und zwar deshalb, weil in den jungen Blüthentheilen die
sehr zarte Beschaffenheit der Zellen und ihre dichte Erfüllung
mit körnigem Protoplasma stets eine Undeutlichkeit der mikroskopischen Ansichten bewirkten, während die genannten Theile
um so klarere Bilder lieferten. Waren diese noch vollkommen
grün und die Gegenwart des Brandes erst durch ganz kleine,

---

des fonctions qu'elle remplit. Je laisserai ce dernier nom aux filaments
capillaires qui portent médiatement ou immédiatement les spores, parcequ'on
ne les distingue pas du mycelium, s'il en existe un.»

[1]) Handbuch der allgemeinen Mycologie. Stuttgart 1851.

5

kaum eine Linie hohe Wärzchen angedeutet, so zeigten sich auf hinlänglich feinen Schnitten zwischen den grofsen Parenchymzellen, welche den Rindenkörper mit dem Mark verbinden, und den zunächstliegenden gleichartigen Markzellen selbst sehr feine wasserhelle Fäden, einem feinen Pilzmycelium gleichsehend. Ich habe in allen Fällen diese Fäden zwischen den Gewebstheilen gefunden, ja in einem Falle sogar einige derselben von einer Spaltöffnung aus in die Intercellularräume hinabsteigen gesehen. Anfangs ist dieses intercellulare Vorkommen leicht zu erkennen; die Pilzfäden kriechen weit herum und sind nur wenig verzweigt. Ist aber ihr Wachsthum in dieser Weise einige Zeit fortgeschritten, so beginnt die Verzweigung lebhafter zu werden und zwar bilden sich jetzt hie und da Büschel von kleinen, wasserhellen, wiederum verzweigten Aestchen (I, 1). Anfangs drängen diese Büschelchen das nährende Gewebe nur wenig auseinander und liegen den Zellwänden von aufsen ziemlich fest an. Es sieht daher oft genug aus, als entsprängen sie innen von der Zellwand aus und ragten ins Innere der Zellen hinein (z. B. Fig. 1 a); durch genaue Betrachtung, Drehung und Zerrung gelungener Präparate erkennt man jedoch stets, dafs dies nicht der Fall ist, sondern dafs die Intercellularräume der Sitz dieser Wesen sind[1]). Ich habe dieselben niemals aus irgend einer Matrix entstehen sehen; macht man freilich Schnitte durch junge Fruchtknoten, so liefern die verletzten Zellen gern einen Theil ihres massigen Protoplasma und es kann daher leicht kommen, dafs man die Zwischenzellräume mit solchem erfüllt sieht; niemals aber war dies bei reinen Präparaten der Fall, die Fäden fanden sich hier stets allein.

Was diese selbst betrifft, so sind sie sehr zart und Membran und Inhalt lassen sich nicht gesondert von einander erkennen; Gliederung, Scheidewände konnte ich in ihnen nicht finden; sie sind farblos, etwas trübe, gleichsam opalisirend.

Die büschelige Verzweigung der Fäden nimmt nun immer

---

[1]) Dies sagt auch Unger, Beitr. z. vergl. Pathologie p. 24 (1840).

mehr zu, während ihre Contouren immer undeutlicher werden; sie scheinen mit ihren Verzweigungen durcheinander zu wachsen, so daſs auf einem Schnitte nur die ins Freie ragenden Enden noch deutlich die Natur der Fäden zeigen, während der übrige Theil der sehr beträchtlich vermehrten, die Intercellularräume zu groſsen Cavernen erweiternden Pilzmasse eine schleimige Gallerte darstellt, in der die constituirenden Elemente nicht mehr deutlich zu erkennen sind. Mit dieser weichen, gallertartigen Beschaffenheit der Myceliumsmasse tritt zugleich die Sporenbildung ein, und zwar so, daſs sich in ihrer ganzen Continuität junge Zellen bilden, sich mit einer Membran bekleiden und, indem sie selbst und die Membran an Dicke zunehmen, schlieſslich die vollendete braunwerdende, fein warzig-stachelige Spore darstellen.

Die Bildung der Sporen scheint von der Spitze der Myceliumszweige ihren Anfang zu nehmen und nach rückwärts fortzuschreiten, wenigstens habe ich zuweilen in den Spitzen der Verzweigungen einige kugelige Abgliederungen gefunden, während der dahinter befindliche Theil noch homogen war; natürlich gelingen solche Ansichten nur an zarten Schnitten, deren eine Seite frei in das auf dem Objectträger befindliche Wasser ragt.

Wie die Bildung der Sporenzellen erfolgt, war mir wegen der Zartheit der Gebilde nicht möglich zu entscheiden. Die jüngsten Zustände, die mir zu Gesicht kamen, waren circumscripte rundliche Inhaltsmassen, rosenkranzförmig mit mehr oder weniger Regelmäſsigkeit in dem undeutlichen Faden aneinandergereiht; nachher war um diese Körper eine zarte Membran zu bemerken, also eine Zelle gebildet, welche nun nach allen Richtungen sich vergröſserte und schlieſslich fast doppelt so groſs war als am Anfang. Zugleich nimmt die Membran an Dicke zu und färbt sich braun; schlieſslich ist sie fest, derb und mit feinen Rauhigkeiten oder Stachelchen besetzt.

Mit der Fertigbildung der Sporen ist der Faden, in welchem sie entstanden sind, verschwunden, höchstens noch hie und da als ein zwei Sporen verbindender, äuſserst zart con-

tourirter und völlig wasserheller Streif zu erkennen — sein
Inhalt wird offenbar vollständig zur Bildung der Sporen ver-
wendet, seine Membran durch die Ausdehnung der Sporen dergestalt mitausgedehnt, dafs sie der Wahrnehmung entschwindet.

Das Fortschreiten der Sporenbildung hat ein Schwinden
der Elemente des Nährkörpers zur Folge. Die oft so grofsen
Excrescenzen, welche die brandigen Stellen der Maispflanze bilden, haben ihren Grund in einer abnormen Vermehrung der Zellen
des vom Pilz besetzten Gewebsstückes. Man sieht diese Zellen,
da wo die Excrescenzen gerade im Wachsen begriffen sind, von
körnigem Protoplasma dicht erfüllt, deutliche grofse Kerne enthaltend, und in fortwährender Theilung und Wiedertheilung begriffen. Mit dieser Zellvermehrung der Nährpflanze schreitet
zugleich eine lebhafte Vermehrung der jungen Theile des Brandpilzes fort, so dafs dieser die Intercellularräume hie und da mehr
und mehr erweitert, mit seinen Aesten und Zweigen anfüllt und
so auch seinerseits zur Vergröfserung der Beulen beiträgt. Ist
nun die Sporenbildung eingetreten, so hört mit dem Fortschreiten
dieser die übergesunde Zellvermehrung mehr und mehr auf und
macht im Gegentheil einem Schwinden der Gewebszellen Platz,
das sich leicht dadurch erklärt, dafs die wachsenden und sich
fertig bildenden Sporen theils die Stoffe, die sie, zu Zellen vereinigt, umgeben, zu ihrer Ernährung an sich ziehen, theils jene
Zellen durch ihre Ausdehnung verdrängen. Würde blos letzteres
der Fall sein, so müfste mit Nothwendigkeit eine Ruptur der.
ganzen Brandbeule erfolgen; dies findet aber nicht statt, sondern
mechanisches Verdrängtwerden und Resorption der verdrängten
Theile durch die verdrängenden findet in gleichem Verhältnisse
statt; die jauchige Flüssigkeit, welche sich in nicht ganz reifen
Beulen findet, mag solche, noch nicht resorbirte oder über-
schüssige organische Substanz sein.

Mit der Reife aller Sporen stellt endlich die Brandexcrescenz
einen von der Epidermis des ergriffenen Pflanzentheils gebildeten
Sack dar, erfüllt von Millionen kleiner Sporen, mit spärlichem

Detritus (von dem zerstörten Zellgewebe herrührend) gemischt; die einhüllende Epidermis stirbt ab, berstet endlich und läfst so die Sporen ans Licht treten.

Es ist noch zu bemerken, dafs die Ausbildung des Entophyten und seiner Sporen — welche Beziehung wir mit Vorbehalt späterer Motivirung und im Einklang mit vielen anderen Autoren dem pilzartigen Wesen einstweilen geben wollen — in der Beule nicht überall gleichmäfsig erfolgt, sondern dafs stets aufsen, der Peripherie des ergriffenen Pflanzentheils entsprechend, die am weitesten fortgeschrittenen, je mehr nach innen dagegen, desto jüngere Entwickelungszustände zu finden sind. Ist eine solche Brandbeule z. B. in ihrem Umkreis auf einem Durchschnitt schon von vielen reifen Sporen schwarzbraun oder schwarzbraun marmorirt, so erscheint diese dunkle Farbe nach innen mehr und mehr abschattirt und geht oft durch hellbraun ins Gelbliche und Weifse über. Besonders bei Beulen, die sich am Stengel der Maispflanzen befanden, habe ich dies Verhältnifs häufig und deutlich gefunden und auch Anderen gezeigt und mufs daher der entgegengesetzten Angabe der Herrn Tulasne (l. c. p. 21) widersprechen.

Aehnliche Resultate wie die mitgetheilten lieferte die Untersuchung von *Ustilago longissima* (Uredo *Sowerby*), in den Blättern von *Glyceria spectabilis M. et K.* Es bewohnt dieser Pilz die Luftlücken, welche die Blätter der genannten Pflanze [1], zwischen den Blattnerven verlaufend, der Länge nach durchziehen und die damit behafteten Triebe sind schon von Weitem durch das welke, kränkelnde Ansehen und kürzere Blätter als die der gesunden Sprosse kenntlich. Die jüngsten Zustände, welche mir vorkamen — in kaum 1 Zoll langen, Anfangs Juli gesammelten jungen Blättern der Glyceria — bestanden in einer gelblichen, die Luftgänge erfüllenden Masse; diese wurde durch kurze, dünne ($\frac{1}{600} - \frac{1}{450}$''' dicke) Fäden gebildet, welche zum

---

[1] Er findet sich auch auf verwandten Arten, z. B. Glyceria fluitans.

geringeren Theil noch homogen, hie und da gegliedert und verzweigt waren, gröfstentheils dagegen schon die kleinen ($^1/_{500}$‴
im Durchmesser dicken) Sporen in sich abgegliedert hatten,
welche letztere jedoch noch zusammenhingen, und zwar häufig
in rosenkranzartigen, verzweigten Gruppen, der Verzweigung
der Fäden, in denen sie entstanden zu sein schienen, entsprechend.
Anfangs sind die Sporen farblos, von einer zarten Membran bekleidet; diese umschliefst einen von dünnerem Inhalt umgebenen
dichteren, runden farblosen Kern. Die Membran der Sporen
wird allmählich derber und nimmt eine hellbraune Färbung an,
bleibt aber stets vollkommen glatt; die Sporen selbst trennen
sich mit der vollkommenen Reife von einander und stellen so
ein braunes Pulver dar, das zwischen dem vertrockneten, aus-
gesogenen Gewebe der Mutterpflanze hervorbricht und so auf
den kranken Blättern lange braune Streifen, den aufgerissenen
Luftkanälen entsprechend, bildet.

Zwischen den reifen Sporen finden sich häufig gröfsere,
zartwandige, vollkommen wasserhelle Bläschen, welche schon
Meyen bei *Ustilago Hypodytes* und der in Rede stehenden
Art gefunden hat [1]). Ich habe sie bei der ersteren nicht gesehen,
bei letzterer dagegen ziemlich häufig; ihre Bildung konnte ich
nicht verfolgen.

In Betreff der Gröfse und Beschaffenheit der Sporen stimmt
der eben beschriebene Brandpilz vollkommen überein mit *Ustilago Hypodytes* (*Cacoma Hypodytes* Schlechtendal, *fl. ber.*),
beide sind dagegen in ihrer Vegetationsweise wesentlich verschieden, indem jener im Innern seiner Nährpflanze, dieser dagegen aufsen, auf unversehrten Pflanzentheilen wächst, welchen
Umstand Meyen (l. c.) bereits richtig erkannt hat.

Ustilago Hypodytes findet sich in dem märkischen Sande
häufig genug innerhalb der Blattscheiden von Elymus arenarius,
als ein braunschwarzes massig angehäuftes, ungemein beschmuz-

---

[1]) vergl. Meyen, Pflanzenpathologie, p. 122 u. 124.

zendes Pulver, aus kleinen, $\frac{1}{500}$ Linie durchschnittlich dicken
Sporen gebildet. Die von dem Pilz bewohnten Sprosse zeichnen sich, noch lange ehe sie absterben und strohfarbig werden[1]), von den gesunden durch gröfsere Höhe, zahlreichere
kürzere Blätter und ein wenig aufgetriebene Blattscheiden aus.
Macht man nun durch einen der Theile, welche eine von dem
Pilz erfüllte Blattscheidenhöhle begrenzen, Internodium oder
Blatttheil, Durchschnitte, in beliebiger Richtung, so zeigen dieselben stets ein festes, unversehrtes Gewebe, von einer aller
Berstungen baar gehenden derben Epidermis überzogen, welche
sich, sammt den zunächst unter ihr liegenden Zellen von der
gesunder Stengel und Blätter höchstens durch etwas unregel-
mäfsigere Bildung unterscheidet (I, 2, a). Von einer Pilzwuche-
rung im Innern des Pflanzengewebes kann also hier keine Rede
sein.

Oeffnet man nun die Blattscheidenhöhle sehr junger Inter-
nodien solcher Triebe, deren Habitus die Gegenwart des Pilzes
verräth, so gewahrt man auf dem Stengelstück, seltner auf der
Innenfläche der Scheide selbst, gröfsere oder kleinere weifse
Streifen, gebildet von einer filzigen, myceliumartigen Masse.
Dieselbe ist in der Mitte eines jeden Streifens am dicksten und
dichtesten, gegen den Rand hin immer dünner und lockerer
werdend, und hier erkennt man bei vorsichtig von der Unter-
lage abgezogenen Stückchen ungemein feine verästelte, wasserhelle
Fäden, welche nach der Mitte zu immer verworrener und daher unkenntlicher werden (I, 3 u. 4). Zerreifst man einen solchen weifsen Streifen in der Mitte, so sieht höchstens hie und
da ein Stückchen eines Fadens aus der im übrigen gleichmäfsig
körnig erscheinenden Masse hervor, ebenso ist auf noch so vor-
sichtigen Schnitten nur eine solche zu erkennen (I, 2, b). Dieselbe erscheint gallertartig-schleimig und Meyen hat sie daher

---

[1]) Dies geschieht mit ihnen lange vor Eintritt des Herbstes, weit
früher, als mit gesunden sterilen Trieben.

als aus Schleimfasern gebildet beschrieben[1]); dafs sie aus einer
Verfilzung der am Rande deutlichen ästigen Fäden entsteht,
geht daraus hervor, dafs man diese sich allmählich hinein ver-
lieren sieht. Das körnige Aussehen der in Fig. 2 b dargestell-
ten dichtern Masse rührt theils von der vielfachen Verfilzung
der feinen Fäden her, welche natürlich dieselbe unter dem Mikroskop als aus vielen kleinen körnerartigen Felderchen bestehend erscheinen lassen mufs, theils von der beginnenden Sporenbildung. Diese nimmt, soviel ich erkennen konnte, wiederum
ihren Anfang in den Zweigspitzen, indem sich hier zuerst Ver-
dichtungen des Zellinhalts sondern (I, 4 x), welche bald ihre
Membran bilden, wachsen, und die Zweige so rosenkranzartig
erscheinen lassen (I, 5 a). Die Sporenmembran verdickt sich,
wird braun, die reifen Sporen lösen sich von einander los, und
zeigen ganz dieselbe Struktur, wie die von Ustilago longissima.
Auf Querschnitten durch die dichtere Myceliumsmasse erkennt
man nun stets, dafs wenn dieselbe noch ganz farblos ist, an
ihrer Oberfläche, d. h. der von der Epidermis, auf der sie sitzt,
abgekehrten Seite die gröfsten Sporenbläschen, wenn der Pro-
cefs schon weiter vorgeschritten, schon braungefärbte Sporen
sich finden, während der übrige Theil noch farblos ist. Daraus ist zu vermuthen, dafs in der verfilzten Myceliumsmasse
die Zweigenden der constituirenden Fäden nach der äufsern
oder obern freien Fläche gekehrt sind. Das ganze Mycelium
löst sich schliefslich in das massige dunkel chokoladefarbige
Sporenpulver auf, und dieses nimmt einen weit gröfsern Raum
ein, als ersteres, weil es theils lockerer, theils auch deshalb
voluminöser ist, weil die Spore zur beinahe doppelten Dicke
des Fadens sich ausdehnt, dem sie ihre Entstehung verdankt.

In den männlichen Blüthen von *Silene Otites* habe ich im
Juli 1852 häufig einen Pilz gefunden, welcher, was die Form
und Farbe der Sporen betrifft, vollkommen auf die Beschrei-

[1] l. c. p. 122.

bung pafst, die die Herren Tulasne (l.c.) von *Ustilago Anthera-rum* geben. Dagegen konnte ich in keinem der untersuchten Fälle finden, dafs dieser Pilz im Innern der Antherenfächer entsteht, sondern fand ihn stets aufserhalb des Gewebes, auf den vom Kelche eingeschlossenen Blüthentheilen. Die afficirten Exemplare der Silene zeichnen sich schon von weitem durch ihre kuglich aufgetriebenen, an der Spitze von dunkelviolettem Pulver bedeckten, übrigens ihre normale Gröfse und Bildung kaum überschreitenden Kelche aus; der ganze Trieb erhält durch sie ein fremdartiges Ansehen. In denjenigen Kelchen, an deren Oeffnung schon das Sporenpulver hervorquoll, waren aufser diesen nur vertrocknete, verkümmerte Rudimente der Staubgefäfse und Petala zu finden; in den jüngsten Blüthen der Rispe dagegen waren diese Organe noch frisch, und obgleich ich in den jungen Staubbeuteln weder fertige noch in Bildung begriffene Pollenzellen finden konnte, zeigte sich doch auch ebensowenig der Pilz in ihrem Innern, sondern ein gleichförmiges, aus kleinen zarten Zellen gebildetes Gewebe. Dagegen waren die vom Kelche eingeschlossenen Organe dicht mit einer weifslichen Masse bedeckt, welche sich leicht als aus zarten ($\frac{1}{400}$''' dicken) farblosen, büschelig verästelten und verworrenen — kurz dieselbe Beschaffenheit wie die bei den oben beschriebenen Formen zeigenden — Fäden bestehend erkennen liefs (I, 6). In den Spitzen der Zweige begann die Abgliederung der Sporen, und Zwischenstufen zwischen diesem jüngsten der beobachteten Zustände und den reifen Sporenhaufen waren in Menge zu finden; in letztern zeigte sich auch hier kaum eine Spur von den beschriebenen Fäden mehr.

Hier wie bei den oben mitgetheilten Fällen wurden die Fäden desto undeutlicher, je weiter die Sporenbildung vorschritt; allein theils das rosenkranzartige Zusammenhängen einiger, das mehr in unförmliche Massen Gruppirtsein anderer läfst selbst bei fast reifen Sporen erkennen, dafs sie in solchen Fadenbüscheln entstanden sind — erstgenannte Gruppen in den

Fadenenden, letztere da, wo mehrere Zweige zu einem Büschel
vereinigt waren, was aus Vergleichung von Fig. 6, a, b, c mit
Fig. 7 u. 8 auf Taf. I. deutlich hervorgeht. Die Sporen ver-
gröfsern sich auch bei dieser Form, bis sie einen Durchmesser
von etwa $\frac{1}{300}$′′′ erreicht haben, ihre Membran nimmt eine violette Farbe an, und zeigt sich zuletzt von kleinen Wärzchen
oder Stachelchen besetzt.

Eine Vergleichung der vier beschriebenen Fälle ergibt für
dieselben, meines Erachtens, ein gemeinsames Bildungsgesetz
und, abgesehen von den Sporen, nur in Betreff der gröfsern
oder geringern Dicke, Masse, Verzweigung und Verfilzung der
Myceliumsfäden Verschiedenheiten. Ich sehe daher um so weniger einen Grund zur Trennung der Ustilagines in zwei Genera[1]) als mir Léveillé's Diagnosen nicht recht verständlich sind.
Sein renflement charnu, celluleux an der Spitze der Fäden von
Microbotryum scheint mir nichts anderes zu sein, als eben junge
in der Bildung begriffene, und auf die angeführte Weise grup-
pirte Sporen, das Réceptacle composé de cellules très-petites,
irrégulières seiner Gattung Ustilago auch nichts weiter, als ver-
filzte Myceliumsfäden, theils mit, theils ohne sich in ihrem Innern bildende Sporen. Da diese von der Oberfläche des jedesmaligen Pilzlagers an zu entstehen beginnen, so können leicht
oben schon fertige Sporen sitzen, während unten noch jene
farblose, wirre, und anfangende Sporen enthaltende Masse sich
befindet; allein letztere verändert sich nach und nach in derselben Weise, wie die obersten Schichten, und kann daher, wo
man sie gerade antrifft, höchstens als noch steriler Theil des
Pilzes bezeichnet werden.

Gegen Reagentien verhält sich das Mycelium der untersuchten Arten vollständig gleich. Es wird, so wie der Sporeninhalt durch Jod gelb gefärbt, ohne dafs dabei die Zusammen-

---

[1]) Unter den beschriebenen 4 Repräsentanten gehört U. antherarum
zu Microbotryum Lév, die übrigen zu Ustilago.

ziehung eines Primordialschlauchs sichtbar wäre. Zusatz von Schwefelsäure bewirkt in keiner Weise eine Blaufärbung, dagegen wird durch dieselbe das Mycelium alsbald in eine homogene Gallertmasse verwandelt. Zucker und Schwefelsäure färben die ganze Myceliumsmasse und die jugendlichen Sporen rosenroth, was vielleicht in der Zartheit der Membran, die den Faden begrenzt, seinen Grund hat; der Inhalt der Pilzfäden ist also jedenfalls Proteinsubstanz.

Die reifen Sporen der Ustilagines haben, wie bekannt, eine dunkele, von der Membran herrührende Färbung. Ihre Größe ist nach der Species sehr verschieden: Bei *U. Maydis* z. B. beträgt der Durchmesser durchschnittlich $\frac{1}{225}'''$, bei *U. Antherarum* $\frac{1}{300}'''$, bei *U. Hypodytes* $\frac{1}{550} - \frac{1}{500}'''$, u. s. w. Sehr genaue Angaben über die die einzelnen Arten unterscheidenden Verhältnisse finden sich in der Tulasne'schen Monographie (a. a. O.). Die gefärbte, derbe Membran der Sporen ist entweder glatt, z. B. U. hypodytes, longissima, oder mit Rauhigkeiten besetzt, welche z. B. bei U. Maydis als feine Wärzchen oder Stachelchen erscheinen. Durch längeres Kochen mit Kalilösung selbst verschwanden diese Rauhigkeiten weder bei U. Maydis noch U. antherarum, müssen also der wirklichen Zellenmembran angehören und nicht durch eine Cuticula im Sinne Schachts gebildet sein.

Diese Membran nun umschließt eine zweite, ungemein zarte, welche den Inhalt unmittelbar umgibt; in der öfters angeführten Tulasne'schen Arbeit ist dieses Verhältniß zuerst beschrieben und die innere zarte Haut als Endo- die äußere als Episporium bezeichnet. Jenes ist nur dann deutlich zu erkennen, wenn das Episporium durch Anwendung von Schwefelsäure zum Platzen gebracht ist (I, 1 b, 8 b), man sieht dann aus diesem eine außerordentlich zarte Blase austreten; deutlicher und von selbst offenbart sich seine Existenz, wenn es beim Keimen durch sein Wachsthum den jungen Myceliumsschlauch treibt und seine Umhüllung durchbricht. Das Endo-

sporium umschliefst einen farblosen, wie es scheint wässerigen
Inhalt, und in diesem suspendirt einen soliden, farblosen, scharf
contourirten und stark lichtbrechenden Kern, denjenigen ähnlich, welche sich in vielen andern Pilzsporen finden, und z. B.
von Schacht[1] von *Helvella, Amanita, Calocera* abgebildet
sind. Der Kern ist bei den verschiedenen Arten verschieden
grofs; bei U. Maidis, Hypodytes füllt er den gröfsten Theil
der Spore aus, während er bei U. Antherarum im Verhältnifs
zum Lumen der Spore sehr klein ist (I, 1, 5, 8, b). Es scheint
dieser Kern derjenige Theil der Spore zu sein, der sich zuerst
bildet, also die Rolle eines Cytoblasten zu spielen. Erst nachdem er sich gebildet hat, schien mir ringsum die Membran zu
entstehen. In den jungen Pilzlagern sah ich die Kerne wie
die ganze übrige Masse durch Zucker und Schwefelsäure stets
rosenroth werden; bei reifen Sporen ist mir diese Färbung nie
gelungen.

Unentschieden mufs ich lassen, wie die beiden Sporenmembranen entstehen, ob zuerst die äufsere derbe, oder die innere, doch läfst die Behandlung mit Reagentien jene als wahre
Zellmembran erkennen, also ihre primäre Entstehung vermuthen.
Das einzige Reagens, welches ich am Exosporium Veränderungen hervorrufen sah, ist concentrirte Schwefelsäure. Sie macht
die Membran aufquellen, weich, und daher durch ihren ebenfalls aufquellenden Inhalt zerreifsbar.

2. Protomyces. UNGER.
(Die Exantheme d. Pfl. p. 340.)

Protomyces macrosporus Unger (l. c.) ohne Zweifel identisch mit *Physoderma gibbosum* Wallroth (fl. crypt. Germ.
t. IV)[2] ist ein, wenigstens in den Parkanlagen bei Berlin und

---

[1] Die Pflanzenzelle etc. Taf. I. Fig. 2, 5, 9, 11.
[2] Wie steht es nun hier mit der Priorität? Unger's Exantheme und
Wallroth's Flora sind 1833 erschienen und in beiden Werken ist derselbe

ohne Zweifel auch an andern Orten recht häufiger Entophyt
in den Blattstielen, seltner andern Theilen von *Aegopodium
Podagraria.* Ohngeachtet seines häufigen Vorkommens findet
sich derselbe aufser bei den genannten Autoren nur noch in
Meyens Pflanzenpathologie (p. 150) genauer beschrieben, und
von den französischen Mycologen sogar unter die Urédinés douteux
gesetzt.

Unger beschreibt die genannte Art als in ungemein gros-
sen, blassen, rundlichen Sporidien bestehend, welche in den
aufserordentlich erweiterten Intercellulargängen des betreffenden
Gewebes liegen, mit grumösem Inhalt und verdickten Zellwänden; dieselben sollen aus stockendem Pflanzensaft entstehen und
»Krankheitsorganismen« sein, und in Fig. 28 des Unger'schen
Werks ist dieser stockende Pflanzensaft sogar abgebildet.

Meyen stellt das Vorhandensein dieses letztern mit Recht
entschieden in Abrede. Er sah hie und da zwischen den Zellen
des Aegopodium Ablagerungen einer feinkörnigen schleimigen
Masse entstehen, die sich allmählich vergröfserten, zurundeten,
und mit einer gallertartigen Membran überzogen.

Wallroth gibt von dem Pilz nur eine kurze Diagnose,
die Form seines Auftretens und Beschaffenheit der Sporen betreffend.

Der genannte Entophyt findet sich, wie gesagt, häufig in
den Blattstielen, seltener in den Foliolis selbst von *Aegopodium
Podagraria,* an schattigen feuchten Orten; Unger hat ihn auch
auf *Heracleum Sphondylium* gefunden. Er zeigt sich dort in
einige Linien langen schwielenartigen Tumoren, welche anfangs

---

neue Pilz unter verschiedenen Namen beschrieben. Es ist hier wirklich
dringend zu wünschen, dafs fernere Untersuchungen unter den verschiedenen Protomycetes und Physodermata Verschiedenheiten herausfinden möch-
ten, welche die Aufstellung beider Genera als getrennte motiviren und die
Systematiker von einer so schwierigen Frage erlösen können. Corda's
Physoderma Eryngii (Ic. fung. t. III tab. 1 f. 8) gehört sicherlich nicht
hierher, ebensowenig die Arten, mit welchen Bonorden (l. c. p. 53) die
Gattung Physoderma bereichert hat.

flach und von der normalen Farbe des Blattstiels, später gewölbter und blafsgelblich sind, zuletzt häufig spröde und hart werden, und in diesem Zustand nicht selten spontan sammt der von ihnen nie durchbrochenen Epidermis sich loslösen und abfallen, eine geschwürartige unregelmäfsige Fläche am Blattstiel zurücklassend. Macht man durch eine solche Warze oder Schwiele einen Schnitt in senkrechter Richtung auf die Längenaxe des Blattstiels, so erhält man eine Ansicht, ähnlich wie die von Unger (l. c. tab. VI fig. 28) abgebildete. Zwischen den grofsen, farblosen Zellen des nährenden Gewebes finden sich grofse ($\frac{1}{4\,2}'''$ — $\frac{1}{3\,6}'''$) kugelige oder mehr ovale, frei liegende, welche durch ihren körnigen blafsgelblichen Inhalt und ihre derbe geschichtete Membran sehr auffallen. Durch ihre Gegenwart sind die Intercellularräume sehr erweitert, ohne dafs jedoch in denselben aufserdem noch ein körniger Schleim sichtbar wäre; Ansichten welche die Gegenwart eines solchen vermuthen liefsen, kommen bei gehörig feinen Präparaten gar nicht vor, bei weniger dünnen Schnitten aber erkennt man durch Veränderung des Focus leicht, dafs diese Trübungen theils durch nicht scharf eingestellte, theils durch ausgetretenen Inhalt solcher Zellen bewirkt wird, welche bei der Präparation angeschnitten wurden. Allerdings finden sich aufser den grofsen dickhäutigen Zellen noch andere vor: kleine, sehr zarthäutige, welche durch alle Zwischenstufen in die fertig gebildeten übergehen, dieselben welche von Meyen als Ablagerungen schleimiger, feinkörniger Substanz beschrieben wurden (II, 1 x). Sonach scheinen diese entophytischen Zellen frei zwischen den Gewebstheilen der Nährpflanze zu entstehen, und die Ansichten der Autoren gerechtfertigt.

Ganz anders gestalten sich die Dinge aber auf gelungenen Längsschnitten, durch Maceration und vorsichtiges Präpariren solcher. Selbst die jüngsten Wärzchen, die ich untersuchte, zeigten aufsen, der umhüllenden Epidermis zunächst schon die beschriebenen fertigen grofsen Zellen; bevor solche vorhanden

sind, scheint die Gegenwart des Entophyten dem Auge nicht
erkennbar zu sein. Sucht man aber von diesen fertigen Sporen
nach der Mitte des Blattstiels hin, so gewahrt man sehr oft die
oben beschriebenen jüngern Zellen, und mit ihnen in Verbindung
stehend feine, verzweigte, in den Intercellularräumen umherkrie-
chende Fäden — ein Mycelium (I, 9 a). Die Myceliumsfäden
sind hie und da mit Scheidewänden versehen, ästig, und von
einer zwar zarten, aber deutlich erkennbaren Membran bekleidet; sie enthalten ein körniges gelblich gefärbtes Protoplasma in
ziemlich beträchtlicher Menge. Hier und dort, ohne erkennbare
Regel, wahrscheinlich wo gerade gröfsere, durch das Zusammenstofsen mehrerer Zellen gebildete Zwischenzellräume dazu Gelegenheit geben, sammelt sich Protoplasma in gröfserer Menge an,
dehnt die umhüllende Schlauchwand aus, umgibt sich mit einer
besondern Membran, und bildet so eine selbständige ovale oder
kugelige Zelle, die durch Aufnahme von Nahrung aus den umgebenden Gewebszellen wächst und sich zur Spore heranbildet.

In dem Mafse als mehr Sporen entstehen, wird das Mycelium blasser, inhaltsärmer (vgl. tab. I fig. 9 a mit fig. 10), zuletzt scheint es gänzlich zu schwinden. Uebergänge von der
einfachen Varicosität des Myceliumfadens zur fertigen Spore finden sich häufig und sind in Fig. 9 — 12 auf Taf. I dargestellt.

Die ausgebildeten Sporen sind von einer (über $\frac{1}{180}'''$) dicken,
mehrschichtigen, glatten und farblosen Membran bekleidet. Die
äufsern dieser Schichten sind fest zusammengeklebt, die innerste
dagegen von den übrigen gesondert, frei in der von ihnen gebildeten Höhlung liegend; wird eine Spore bei der Präparation
verletzt, so dafs der Inhalt austritt, so faltet sich diese Membran häufig unregelmäfsig zusammen und nimmt das Ansehen
einer zarten, leeren, zerknitterten Blase an; sie kann als Endosporium, die äufsern Schichten als Episporium bezeichnet werden.
Der Inhalt der reifen Sporen erscheint nicht mehr als dichtes,
feinkörniges Protoplasma, wie dies noch in den tab. I fig. 9 b,
10 b, 12 a gezeichneten der Fall ist, sondern die Körner wer-

den gröfser, lichter, scharf und dunkel contourirt, die ganze
Spore dadurch durchsichtiger und heller gefärbt (I, 9 c, 12 b).
Das chemische Verhalten macht den beschriebenen Pilz sehr in-
teressant. Behandelt man nämlich einen feinen Schnitt durch
eine von ihm gebildete Schwiele mit Jod und Schwefelsäure,
so färbt sich sowohl die Membran des Mycelium, als die der
Sporen schön blau, und zwar tritt diese Färbung bei ihnen eher
ein, als bei den umgebenden Zellen des Nährgewebes. Die in-
nersten Schichten der Sporenhaut, das Endosporium mitgerech-
net, färben sich am reinsten, die äufseren oft etwas schmutzig
blau; die Schichtung wird dabei undeutlich. Der von dieser
Cellulose hautumschlossene Inhalt zeigt sich, wenigstens bei den
Sporen, als aus einem Gemenge von Proteinsubstanz mit einer
ölartigen Masse bestehend. Mit Zucker und Schwefelsäure behandelt sondert er sich, innerhalb der sehr durchsichtig werdenden, aufquellenden Membran, deutlich in zwei Partieen: eine
feinkörnige, bald die rosenrothe Farbe annehmende, und einige
grofse, farblos bleibende Oeltropfen. Diese Sonderung wird
durch Schwefelsäure stets bewirkt und zeigt sich auch in den
mit Jod und Säure behandelten Sporen (I, 12 c), wo jedoch
die Farbe des Inhalts braungelb ist. Jod allein färbt den Inhalt gelb; die Körner der reifen Sporen bleiben dabei scharf
und dunkel gerandet und wie Amylon- oder Fettkörner stark
lichtbrechend.

Ein anderes, ohne Zweifel zu Protomyces gehörendes Gebilde fand ich in den Blättern von *Menyanthes trifoliata*, anfangs weifsliche, bald braun werdende runde, die Epidermis
meist durchbrechende Pusteln bildend. Alle waren schon von
reifen Sporen erfüllt, welche zwischen die vertrockneten Gewebszellen eingezwängt waren, ein Mycelium nicht mehr sicht-
bar. Jene sind $\frac{1}{70}'''$ lang, $\frac{1}{110}'''$ breit, also breit eirund, von
einer nicht geschichteten, durch Jod und Schwefelsäure nicht
blau werdenden Membran bekleidet; ihr Inhalt besteht aus kleinen Körnern von der Natur der in den reifen Sporen der oben

beschriebenen Art, und chemisch ebenfalls aus einem Gemenge von Protein- und fettartiger Substanz. (Vgl. II, 2.) Von den übrigen Arten der Genera Protomyces Unger und Physoderma Wallroth hatte ich keine zu untersuchen Gelegenheit.

3. C y s t o p u s. Léveillé.
(Ann. des sc. nat. 3. sér. t. VIII, Dict. univ. d'hist. nat. Art. Urédinées.)

Unter obigem Namen hat Léveillé den von Persoon als *Uredo candida* bezeichneten weifsen Brandpilz, von dem Manche *U. cubica* Straufs und andere Formen trennten, mit vollem Recht als besonderes Genus von den andern Uredines abgesondert. Die übrigen Autoren haben mit wenigen Ausnahmen nur die Sporen dieser Formen mehr oder minder richtig und genau beschrieben.

Unger führt U. candida in seiner »zweiten Bildungsepoche« der »Exantheme« auf, in welcher nämlich »die Bildung einer produktiven Schichte der Matrix, und die Hervorbringung der ersten Rudimente eines Trägers, der jedoch mit dem Sporidium seinem Wesen nach identisch ist, anfängt«; er bildet (l. c. tab. VI fig. 32) die Bildung der Sporen auf blasenförmigen Trägern ab.

Meyen [1] behauptet bestimmt gesehen zu haben, wie die weifsen Uredobläschen der Hirtentasche aus Deformitäten der Zellen unter der Epidermis hervorgehen. Diese sollen sich, wenn sie von der Krankheit ergriffen werden, nach der Epidermis hin eiförmig-cylindrisch ausdehnen, und dann an der Spitze 3—7 Sporen (»Bläschen«) nach einander abschnüren, welche letztere häufig perlschnurartig aneinandergereiht bleiben, durch kleine Stielchen zusammenhängend.

[1] l. c. p. 127.

v. Schlechtendal[1]) gibt von Uredo candida in Portulaca
oleracea an, dafs der Grund der Pusteln von einer unordentlich
zelligen Masse ausgefüllt sei, von welcher sich gerade aufrechte
Zellenreihen erheben, deren einzelne Zellen sich ablösen und zu
Sporen bilden.

Mit den Beobachtungen von Léveillé, soweit er sie in
seinen Diagnosen mittheilt, stimmen die meinigen überein. Es
ist mir nicht möglich gewesen, zwischen dem auf Cruciferen
und dem auf Compositen wachsenden Cystopus einen Unterschied zu finden; auch Léveillé gibt an, dafs die Form der
Sporen oft in ein und derselben Reihe verschieden sei. Beide
Formen sind daher in Folgendem gemeinsam geschildert, nach
Exemplaren welche *Capsella*, *Neslia*, *Tragopogon major* und
porrifolius bewohnten.

Macht man einen Längsschnitt durch eine jener bekannten
weifsen Pusteln, welche Uredo candida bildet, so erkennt man
auf und zwischen den Zellen, welche direkt unter der Epidermis liegen würden, wenn diese nicht durch den Pilz abgehoben
wäre, oft schon ohne alle weitere Präparation starke, derbe,
verästelte Schläuche, welche das Mycelium (réceptacle Lév.) des
Pilzes vorstellen. Sie sind röhrig, ungegliedert, ästig, von einer
farblosen Membran bekleidet, welche letztere von einem gelblich
weifsen, körnigen Protoplasma-Inhalt durch eine wasserhelle Schicht
getrennt ist. Durch Jod zieht sich jener zusammen, und ist alsdann als ein braungelber Cylinder innerhalb der nur schwach
gelblich gefärbten Membran zu erkennen. Diese Pilzfäden sind
mit ihren zahlreichen Verzweigungen in der Ebene der Epidermis ausgebreitet; die Sporenbildung aber geht in Aestchen vor
sich, welche, büschelig zu je 2 bis 7, selten einzeln aus den
sterilen Theilen entspringend, auf jener Ebene ohngefähr senkrecht stehen (II, 3). Anfangs nur wie kleine Ausstülpungen
des Myceliumschlauches scheinend (II, 7a), werden dieselben

---

[1]) Botan. Zeitung 1852 Nr. 32, c. 622.

nach und nach eiförmig-cylindrisch oder keulenförmig, und beginnen, wenn sie diese Form erlangt haben, in ihrer Spitze die Sporen zu bilden (II, 3 — 7); sie sind offenbar diejenigen Gebilde, welche Meyen für veränderte, kranke Theile des betreffenden Gewebes gehalten hat. Die äufsere Membran dieser Aeste ist blasig aufgetrieben; sie umschliefst unmittelbar einen wasserhellen, durchsichtigen Inhalt, in dessen Mitte ein eigenthümlicher dünner, scharf abgegrenzter Strang von körniger, trüber Beschaffenheit, gleichsam ein zweiter, eingeschachtelter Pilzfaden, verläuft. Die äufsere blasige Zellhaut ist die unmittelbare Fortsetzung der Zellmembran des sterilen Schlauches, der innere, cylindrische Strang die des Zellinhaltes des letztern. Obgleich an ihm eine Membran nicht zu erkennen ist, besitzt er dennoch eine beträchtliche Cohärenz, so dafs er, auch wenn die äufsere Membran verloren geht, fest bleibt (II, 5 a). Er ist daher als ein recht derber Primordialschlauch anzusehen, und das hier stattfindende Verhältnifs kann den ältern beweglichen Zuständen des *Chlamidococcus pluvialis* verglichen werden, in dem dort wie hier der Primordialschlauch von der Zellmembran durch ein dünnes klares Fluidum getrennt und daher von letzterer als einer weiten Blase umkleidet wird.

In der Spitze dieser Blase beginnt nun die Bildung der Sporen, und zwar so, dafs der Primordialschlauch an seiner Spitze anschwillt, mehr und mehr Protoplasma daselbst anhäuft, so dafs diese Anschwellung alsbald kugelig oder eiförmig wird und den obern Raum der Blase vollständig ausfüllt (II, 4 — 6), sich schliefslich mit einer besondern Membran umkleidet und so als selbständige Zelle abgrenzt; unter dieser, als Spore zu bezeichnenden Zelle schnürt sich alsbald ihre schlauchförmige Mutterzelle (Sporangium) ringförmig ein und trennt dadurch jene von dem untern Theil des Sporangiums, in welchem die Bildung einer zweiten Spore sofort in derselben Weise beginnt.

Durch fortwährende Wiederholung dieses Processes entstehen rosenkranzförmige Sporenketten, gebildet aus anfangs in

der Regel kugeligen, später meist Cylinder- oder Würfelform
annehmenden Sporen, deren Anzahl in einer Kette deshalb nicht
mit Bestimmtheit angegeben werden kann, weil sie sehr leicht,
von der Spitze beginnend, abfallen; ich habe bis zu 5, Meyen
selbst 7 zusammenhängende Sporen gefunden. Der Zusammen-
hang selbst wird durch das Sporangium bewirkt, welches zuweilen noch als zarter Ueberzug über der reifen Spore, besonders wo diese eine etwas eingefallene Membran zeigt (II, 4),
stets aber als ein dünner, je zwei Sporen verbindender Streif
zwischen denselben längere Zeit erkennbar bleibt (II, 3, 4, 7)
und auch den auseinandergefallenen Sporen noch das Ansehen
gibt, als seien sie von einem Stiele abgefallen.

Diese zarte, immer undeutlicher werdende, zuletzt dem Beobachter ganz entschwindende Sporangiumsmembran umgibt unmittelbar die farblose, festere, glatte Haut der Spore — diese
wiederum den aus körnigem Protoplasma gebildeten Inhalt, in
welchem im Centrum gröfsere Körnchen, ringsum eine feiner
zertheilte Masse sichtbar sind, erstere durch Jod dunkelbraun-
gelb, letztere weniger intensiv gefärbt. Eine zarte doch deutliche, und durch Reagentien als Primordialschlauch erwiesene
Membran bildet das Endosporium, die von dem Episporium
trennbare unmittelbare Umhüllung des Inhalts. Jod und Schwefelsäure färben das Episporium blafs und schmutzig blau, und
die Säure bewirkt allmählich ein Platzen desselben, eine Entleerung der vom Endosporium gebildeten Blase; weit reiner und
schneller nimmt bei Behandlung mit den genannten Reagentien
die Membran der sterilen kriechenden Fäden und die blasige
der sporenbildenden Zweige die blaue Farbe an, bezeugen sich
also als aus Cellulose bestehend [1]. Der Inhalt der Sporen und

[1] Man wird überhaupt, je mehr man danach sucht, desto mehr Pilze
finden, deren Zellmembran deutlich als aus diesem Stoff bestehend erkennbar ist, wie dies neuerlichst Herr Dr. Caspary bei einigen Peronosporae,
ich selbst bei einer Anthina nachgewiesen.

Fäden wird durch Zucker und Schwefelsäure rosenroth gefärbt,
ist also aus Proteinverbindungen zusammengesetzt.

---

4. Coleosporium. Léveillé.

»Clinode applati, circonscrit, composé de cellules petites
irrégulières, recouvert de sporanges allongés, multiloculaires.
Loges monospores, articulées bout à bout, se séparant à chaque
article. Spores nues, mais le plus souvent entrainant avec elles
la portion du sporange qui leur appartenait«. — In dieser vor-
trefflichen Diagnose theilt Léveillé [1]) die Charaktere mit, durch
welche er früher [2]) die genannte Gattung begründet hat, und
welche unter Andern *Uredo Tussilaginis* Persoon, *Petasitis*
DC, *Campanulae* Pers., *Sonchi* Pers., *Rhinanthacearum* DC,
tremellosa Straufs zeigen und bei genauerer Untersuchung
vielleicht noch viele Andere zeigen werden [3]).

Wenn auch von den früheren Schriftstellern schon Persoon und Straufs des eigenthümlichen, tremellenartigen Aus-
sehens der jungen Pusteln dieser Pilze und ihres spätern Zerfallens in das ziegelfarbige Sporenpulver Erwähnung thun, so
findet sich eine genauere Beschreibung der Vorgänge nur bei
wenigen. Uredo Campanulae Pers. hat nach Unger [4]) aus der
»Matrix« gebildete, aufwärts stehende Schläuche, mit ziegelroth-
purpurfarbigem Inhalt, aus welchen sich, sobald die Epidermis
reifst, durch Einschnürungen die »Sporidien« absondern. Er
zählt diese Form zu der »zweiten Bildungsepoche der Exantheme«; Uredo Petasitis dagegen wird zu der vierten Epoche

---

[1]) Dict. univ. d'hist. nat. Art. Urédinées.
[2]) Ann. d. scienc. nat. 3. série t. VIII pag. 369.
[3]) Uredo Ledi Alb. et Schw. scheint z. B. hierher zu gehören; sicher
konnte ich es jedoch, in Ermangelung junger Zustände nicht entscheiden.
[4]) Die Exantheme d. Pfl. p. 267 u. 275.

gerechnet, in welcher »der Gegensatz zwischen Träger und Sporidium bis zu seiner Grenze ausgebildet wird«, indem sich die
»Matrix« im Träger vollkommen auflöst. Anders ausgedrückt,
hat Unger bei beiden Formen die schlauchartigen Sporangien
erkannt, das Mycelium jedoch blos bei U. Petasitis — wo es
allerdings nicht übersehen werden kann. L—R. und C. Tulasne (l. c.) haben ebenfalls das Mycelium erkannt und den
Sporenbildungsprocefs gut beschrieben.

Die oben namhaft gemachten Formen der hierhergehörigen
Pilze, die ich an einigen *Tussilagines*, *Senecio*-, *Sonchus*-,
Campanula- und *Euphrasia*-Arten fand und untersuchte, zeigen so grofse Uebereinstimmung in ihrer Bildung und Entwicklung, dafs ich sie kaum als Species betrachten mögte, jedenfalls
aber hier gemeinschaftlich beschreiben kann. Ihr Mycelium kriecht
in dem Gewebe der Nährpflanze herum und ist aufserordentlich
leicht zu erkennen in den grofsen Lufthöhlen des Blattdiachyms
von Tussilago; doch kann man sich auch bei andern Pflanzen
von seiner Gegenwart ohne grofse Schwierigkeiten überzeugen.
Es besteht aus feinen, verästelten Schläuchen, an welchen ich
eine Gliederung nur selten bemerkte, und welche in einem übrigens wasserhellen Fluidum orangefarbige Oeltröpfchen suspendirt
enthalten. Diese sind da am zahlreichsten, wo sich die Myceliumsfäden zum Sporenlager vereinigen; weiter von dieser Stelle
entfernt, ist oft nur der wasserhelle Inhalt in den Pilzfäden zu
erkennen (II, 8, 9, a). Der Körper, aus dem die Zellen, in welchen die Sporen entstehen (Sporangia), entspringen (*Stroma*
Auctor. Clinode, réceptacle Léveillé), entsteht durch Verflechtung
und dichtes Aneinanderlegen jener Myceliumsfäden: sie verfilzen
sich mehr oder weniger dicht und fest und stellen so ein flaches
Polster dar, dessen Bildung häufig durch die in Menge angehäuften orangefarbigen Tröpfchen oder Körnchen und die feste
Vereinigung seiner Formelemente undeutlich wird (II, 9, 10, b).
Es ist daher erklärlich, warum Léveillé dasselbe als aus kleinen unregelmäfsigen Zellen bestehend beschreibt, denn ein Schnitt

durch solches Filzgewebe macht seine wahre Zusammensetzung
in der Regel nichts weniger als deutlich; doch gelingt es un-
schwer, sich durch Präparation davon zu überzeugen. Aus
dem *Stroma* erheben sich in ohngefähr senkrechter Richtung
oder strahlenförmiger Anordnung stumpfe, schlauchartige End-
verzweigungen, welche sich zu den Sporangien ausbilden; die
ältesten finden sich in der Mitte, die jüngsten am Rande eines
jeden Pilzlagers. Anfangs überall gleichbreit, mit rothgelbem körnigem Inhalt angefüllt und von einer Membran bekleidet, welche
nicht dicker ist, als die der Myceliumsfäden, werden sie alsbald
keulenförmig, und zwar hauptsächlich dadurch, dafs sich ihre
Membran bedeutend verdickt, an der Spitze mehr als am Grunde,
so dafs sie als massive glasige Hülle den in der Mitte liegenden, die Form des überall gleichbreiten Schlauchs beibehalten-
den rothgelben Inhalt einschliefst. Dabei haften diese keulen-
förmigen Gebilde ungemein fest aneinander, erscheinen nur durch
zarte Linien getrennt, und erst nachdem man sie mit Kalisolution
gekocht hat, gelingt es, sie zu isoliren; die Membranen zeigen
keine Spur von Schichtung, sind stark lichtbrechend und wie
es scheint von fest-gelatinöser Natur. Aetzkalilösung löst sie
auch bei Siedhitze nicht auf, Jod und Schwefelsäure färben sie
röthlich-violett, sie scheinen also aus zellstoffähnlicher Substanz
zu bestehen. Ihr Inhalt wird bei Behandlung mit Zucker und
Schwefelsäure roseuroth, durch Jod und Schwefelsäure dagegen
zum Theil blau, zum Theil dunkelbraun, und zwar so, dafs
in einer homogenen blauen Masse zahlreiche braune Körnchen
suspendirt erscheinen; er besteht also wohl aus Proteïnsubstanz,
gemengt mit einem der Cellulose verwandten Kohlenhydrat —
wie ja auch der Inhalt der Sporen von Protomyces macrosporus,
sowie der vieler Uredines aus einer ähnlichen Mischung besteht, nur dafs die Kohlenwasserstoffverbindungen dort ölartige
Stoffe sind.

In dem eben beschriebenen Zustand bilden unsere Pilze die
hochrothen, dem blofsen Auge aus homogener, fest-gelatinöser

Masse zu bestehen scheinenden, von der Epidermis der Nährpflanze überzogenen runden Pustelchen, welche sich häufig auf
den betreffenden Blättern zwischen den reifen Sporenhäufchen
finden, und dem Namen Uredo tremellosa seine Entstehung gegeben haben. Mit der nun erfolgenden Vermehrung des Inhalts
der Schläuche beginnt die Bildung der Sporen. Die rothgelbe
körnige Masse, welche jene in kleiner Menge erfüllte, nimmt
mehr und mehr zu und damit gleichen Schritt hält eine Abnahme der Schlauchmembran an Dicke; nur an der Spitze bleibt
dieselbe von gleicher, dickglasiger Beschaffenheit, während sie
im Uebrigen mehr und mehr resorbirt wird, und an ihre Stelle
der Inhalt tritt (II, 8). In der Spitze des Schlauchs bildet sich
die erste Spore, indem eine Inhaltsportion sich abgrenzt, mit
einer Zellmembran umkleidet und als selbständige Zelle weiter-
wächst; auf gleiche Weise entsteht unter ihr eine zweite, dann
eine dritte, und so fort, bis zu 5 in einem Schlauch. Mit ihrem
Wachsthum verdrängen die neugebildeten Sporen die Membran
ihres Mutterschlauchs vollständig, so dafs dieselbe zuletzt in
keiner Weise mehr erkennbar ist; nur die Schlauchspitzen bleiben, und werden als eine glashelle zusammenhängende Membran,
welche, von der Fläche gesehen, wie aus Zellen zusammengesetzt
erscheint, in Wirklichkeit aber aus soliden Feldern besteht, von
den wachsenden Sporen mit der Epidermis der Nährpflanze durchbrochen und abgehoben (II, 9, c); die oberste Spore bleibt zuweilen anfangs noch an der ihr entsprechenden Facette jener
Membran hängen.

Wie oben gezeigt wurde, geschieht die Bildung der Sporenschläuche zuerst in der Mitte eines jeden Pilzlagers, nach
der Peripherie hin später und später; eine gleiche Reihenfolge
findet in der Bildung und Reifung der Sporen in jenen Schläuchen statt, folglich wird die aus den Schlauchspitzen bestehende
Haut auch zuerst in ihrer Mitte durchbrochen, und man findet
sie daher nicht selten, wenn dies erst kürzlich geschehen, am
Rande des Lagers noch mit den in den Schläuchen entstandenen

Sporenreihen zusammenhängend, die ganze Sporenmasse wie eine Art zelliger Peridie umgebend; die Kenntnifs ihrer Entwicklung und Bildung kann hier allein vor Verwechselung mit wirklichen Peridien sichern.

Ihr weiteres Schicksal ist Zerstörung. Die Sporen dagegen wachsen, nehmen schliefslich Ei- oder Kugelform an, und zwar ganz promiscue in ein und demselben Häufchen, so dafs ihre Form nicht zur Arten-Unterscheidung dienen kann, lösen sich schliefslich von einander los und bilden so das bekannte orange- oder ziegelfarbige Pulver.

Dafs an den reifen Sporen die Membran des Mutterschlauchs (Sporangium) nicht mehr erkennbar ist, wurde schon gesagt. Dieselben sind von einer doppelten Haut umkleidet; bringt man sie in Kalilösung unter das Mikroskop, so ist an ihr deutlich eine äufsere, feinhökerige Schicht von einer innern glatten homogenen zu unterscheiden; erhitzt man sie mit der genannten Flüssigkeit, so verschwindet die äufsere unebene Schicht, die innere glatte bleibt rein zurück; jene erweist sich dadurch als eine wahre Cutikula, diese als eigentliche Zellmembran. Der Cutikula verdankt also hier die Spore ihr gekörnelt-warziges Ansehen.

Die Zellmembran wird durch Jod und Schwefelsäure nicht gefärbt, platzt dagegen durch Anwendung der Säure, während sich der den Inhalt umkleidende Primordialschlauch zusammenzieht. Der Inhalt selbst, lebhaft rothgelb, körnig, in der Peripherie etwas feinkörniger und heller, füllt das ganze Lumen der Sporen gleichmäfsig aus; Reagentien erweisen ihn als aus Proteinsubstanz und fettiger Masse bestehend.

5. Trichobasis. Lév.

(in Dict. univ. d'hist. nat.)

Die hierher gehörigen Formen wurden von genanntem Autor früher [1]) zu seiner Gattung Uredo gezogen, später wegen der Stielchen, denen sie anfangs aufsitzen, als besondere Gattung getrennt. Ich hatte nicht Gelegenheit eine *Uredo* im Sinne Léveillé's zu untersuchen, bin also aufser Stande, über dieses Genus zu urtheilen.

Nach Unger stellen diese Pilze die dritte Bildungsstufe der Uredines dar, in welcher das Sporidium deutlich gestielt wird, und er bildet (die Exanth. t. VII) die Entwicklung des letztern bei Uredo Phyteumatum (fig. 35 h), U. Cichoracearum DC (f. 40) und U. Fabae Grev. (f. 39) deutlich ab. Meyen bestätigt diese Beobachtungen. Corda beschreibt im vierten Bande der Icones fungorum das Mycelium (Hypothallus C.) Endosporium und Exosporium seiner Caeomata; desgleichen Ic. fung. Tom. V, p. 49.

In der öfter citirten Tulasne'schen Arbeit (1847) wird eine sehr schöne Beschreibung und Abbildung von Uredo suaveolens gegeben.

Bonorden endlich (1851) charakterisirt seine Caeomata durch einfache Sporen, welche als gestielte Zellen von einem wurzelartigen, in dem Parenchym der Pflanzen lebenden Mycelium entspringen [2]).

Der Bau dieser Pilze ist ungemein einfach und leicht zu erkennen; auch fehlt es hier dem Beobachter nicht an Material, da einige der allergemeinsten Brandpilze, wie Uredo Rubigo vera, DC., U. linearis Pers., U. Labiatarum DC., U. Polygonorum DC.,

---

[1]) Ann. des sciences natur. 3. série t. VIII (1847). Fries hat in der Summa vegetab. Scandin. diese Anordnung angenommen.

[2]) B. (l. c. p. 40) rechnet übrigens zu »Caeoma. Bonord.« die meisten Uredineen (Uromyces, Trichobasis, Epitea u. s. w.) sowie Schinzia Nägeli und Ramularia Unger.

U. Phaseolorum DC. u. a. Repräsentanten für die genannte Gattung sind; auch U. suaveolens Pers. stimmt in Betreff des Sporenlagers mit den genannten Arten überein; doch wird, anderer Verhältnisse halber, unten nochmals von ihr die Rede sein.

Ein aus zahlreichen, zarten, gegliederten, ästigen, meist nur spärlichen körnigen Inhalt führenden Pilzfäden bestehendes Mycelium (III, 3, m) wuchert zwischen den Zellen der jedesmaligen Nährpflanze. Unter der Epidermis derselben bilden die Myceliumsfäden die Sporenlager, indem sie sich zu mehr oder minder regelmäfsigen flachen Polstern, *Stromata*, verflechten und verfilzen (III, 3, s), an deren äufseren, der Epidermis zugekehrten Fläche die Sporen auf kurzen zarten Stielchen gebildet werden (III, 3, s p).

Mit der Angabe Léveillé's, dafs das Clinode aus kleinen unregelmäfsigen Zellen gebildet werde, verhält es sich hier wie bei allen andern Gattungen der Brandpilze, die einen wirklichen Pilzkörper, ein Pilzgewebe besitzen, das, selbst direkt keine Sporen enthaltend, den sporenbildenden Zellen zum Ursprung dient. Wie schon oben gezeigt wurde und in fig. 3 auf tab. III deutlich zu sehen ist, handelt es sich lediglich um eine Verflechtung von Pilzfäden, nicht um eine auf solchen ruhende Zellenlage.

Aus dem Stroma erheben sich, an der der Epidermis zugewendeten (äufsern oder obern) Fläche zahlreiche aufrechte Aestchen der Pilzfäden, welche jenes constituiren, in welchen die Sporenbildung vor sich geht, und die daher als Sporangia anzusehen sind; ihre Gesammtheit bildet, wie auch bei Coleosporium das *Hymenium*, d. h. die sporenbildende Schicht. Die Sporangien erscheinen zuerst als kleine stumpfe Aestchen, mit körnigem, farblosem Protoplasma erfüllt, und den Fäden des Stroma, deren Zweige sie sind, an Dicke gleich. Alsbald beginnt sich aber ihr Inhalt in ihrer Spitze zu vermehren und dieselbe auszudehnen, so dafs sie keulenförmig werden, und nachdem er sich mehr und mehr angehäuft hat, grenzt er sich scharf ab und umkleidet sich mit einer zarten Zellmembran. Die so

entstandene junge Zelle, die Spore, dehnt sich nun nach allen
Richtungen mehr oder minder gleichmäfsig aus, und ihre Membran verdickt sich, während zugleich der unter ihr liegende,
nun fast leer erscheinende Theil ihrer Mutterzelle ebenfalls noch
etwas in die Länge wächst, und endlich einen Stiel (pedicellus,
sterigma) darstellt, auf welchem die bald eiförmig, bald kugelig
werdende Spore aufsitzt. Der Theil des Sporangium, welcher
die Spore selbst überzieht, wird alsbald undeutlich, vermuthlich
durch die Ausdehnung der letztern. Sind die Sporen reif, so
trennen sie sich von ihren Stielchen, »schnüren sich ab«, und
häufen sich als braunes oder ziegelfarbiges Pulver auf den Pilzlagern an. Dieses Abfallen wird begünstigt durch neue Sporen,
welche sich in neuen, auf dieselbe Weise von dem Stroma aus
entspringenden Sporangien noch eine Zeit lang bilden, und diese
fortdauernde Sporenbildung ist der Grund, warum die Stromata
sich immer dichter und dichter mit Sporenstielchen bedecken und
warum diese immer undeutlicher werden, je älter der Pilzkörper,
aus dem sie entspringen; zugleich ist es vorzugsweise die Bildung und Anhäufung der Sporen, welche die Epidermis, unter
der sie entstehen, zum Aufreifsen bringt.

Der Inhalt der Sporen vermehrt sich mit ihrem Wachsthum,
und nimmt allmählich eine lebhaft gelbrothe (z. B. Tr. Rubigo vera,
linearis) Farbe an, oder wird bräunlich, oder bleibt fast ganz
ungefärbt; letzteres bei der grofsen Menge der hellbraunen Uredines, wie Tr. Phaseolorum, Polygonorum, Violarum u. s. f. Er
zeigt sich stets im Centrum frischer Sporen grobkörniger, an
der Peripherie feiner zertheilt, und bei den Arten mit rothen
Sporen sind diese in der Peripherie stets fast farblos. Durch
Zucker und Schwefelsäure erkennt man, dafs der Sporeninhalt
aus einem Gemenge von Proteinstoffen und Kohlenhydrat (Fett)
besteht, indem er theilweise rosenroth wird, theilweise farblos
bleibt. Durch Reagentien, welche ihm Wasser entziehen, z. B.
Chlorzinkjodlösung, contrahirt er sich nach der Mitte der Spore

hin, was auf ein in der Form eines Primordialschlauchs existirendes Endosporium schliefsen läfst.

Der Inhalt ist von einer mäfsig dicken, doppelt contourirten, farblosen oder bräunlichen Membran bekleidet, welche in allen mir vorgekommenen Fällen auf ihrer Aufsenfläche kleine Rauhigkeiten, Wärzchen oder Höckerchen zeigt, und daher gekörnelt erscheint. Diese kleinen Prominenzen fehlen an der jungen Spore und an dem Sporangium; sie verschwinden durch Kalisolution, sind daher als Theile einer, übrigens oft sehr zarten, wahren Cutikula anzusehen. Die nach der Behandlung mit Kali zurückbleibende glatte Sporenmembran wird so wenig wie irgend ein anderer Theil dieser Pilze durch Jod und Schwefelsäure blau gefärbt; sie quillt jedoch durch die Schwefelsäure auf und löst sich schliefslich in ihr; bei den zahlreichen braunen Uredines ist sie es, welche ihre Farbe der ganzen Spore mittheilt.

Bemerkenswerth sind die, wie es scheint regelmäfsig an den Sporen angeordneten, verdünnten Stellen ihrer Membran (oscules), auf welche die Herren Tulasne [1] zuerst aufmerksam gemacht und zugleich gezeigt haben, wie es diese Stellen sind, welche beim Keimen den jungen Schläuchen zum Durchtritt dienen. Bei keimenden Sporen erscheinen sie als vollständige Löcher in der Membran, vorher aber scheinen es entschieden nur verdünnte Stellen derselben zu sein, da sie sich nur schwierig und niemals ganz scharf erkennen lassen, und es mir durch Verschiebung der Sporen niemals gelungen ist, ihr Profil, als eine Einbuchtung in den Contour der Zellmembran zu erkennen, was bei wirklichen Löchern der Fall sein müfste. Soviel ich erkennen konnte, gehen diese Verdünnungen von der innern Wand der Sporenmembran aus, wie ganz seichte Porenkanäle nach der äufsern hin. Die Anordnung dieser Stellen ist so, dafs sie bei kugeligen Sporen in der Richtung eines gröfsten Kreises, wahr-

---

[1] l. c. p. 59.

scheinlich des Aequators der Spore, bei ovalen aber in der Ebene des der kleinen Axe des Ellipsoids entsprechenden Kreises liegen; ich habe ihrer stets mindestens zwei gesehen, ihre Zahl aber nur bei den zwei Arten, die ich keimen sah, genau bestimmen können, nämlich 3 bei *Uredo suaveolens* Pers. (III, 4) und 4 bei *U. linearis* (III, 5).

6. U r o m y c e s. LINK.[1]

Diese von Link seiner vielseitigen Gattung Caeoma oder Hypodermium als Subgenus zugezählten Formen, von De Candolle in der flore française mit vielem Scharfblick als einfächerige Puccinien bezeichnet, hat Unger[2] zuerst als ein besonderes Genus getrennt, charakterisirt durch die höhere Ausbildung des Stiels, von dem die Sporen mit der Reife sich nicht trennen, durch die bedeutendere Größe der letztern, ihre dicke, glatte Membran, und ein »Sporidiolum« in ihrem Innern. Meyen (l. c.) bestätigt Ungers Angaben.

Léveillé (ll. cc.) hat auch hier das Mycelium und die Bildung der Sporen in Sporangien erkannt, läfst jedoch letztere aus einem zelligen Clinode entspringen, mit welchem es sich hier ebenso verhält, wie oben bei Trichobasis.

Bonorden[3] endlich rechnet mit Corda[4] die hierher gehörenden Gebilde zu Caeoma, bei welcher Gattung beide Autoren ein Mycelium gefunden haben.

Meine Untersuchungen wurden an *Uredo appendiculata* Pers. angestellt, einem bekanntlich auf Leguminosen sehr häufigen Repräsentanten dieser Gattung; ich trage jedoch kein Be-

---

[1] Observ. in ord. plant. nat. Diss. II. Im Magazin nat. Freunde, VII (1816). Caeomurus Link. Obs. in ord. nat. Diss. I. ibid. t. III (1809).
[2] l. c. p. 277.
[3] l. c. p. 40.
[4] Icon. fung. t. IV et V.

denken, die daraus gewonnenen Resultate auf alle Puccinies à une seule loge De Candolle's auszudehnen, da dieselben nach Beschreibungen und Abbildungen[1]) die gröfste Uebereinstimmung im Bau zu zeigen scheinen.

Das Mycelium und Stroma dieses Pilzes ist auf gleiche Weise gebildet wie bei Trichobasis angegeben wurde (III, 6), auch die Sporenbildung findet ebenso durch Entstehung einer Zelle in der Spitze von Sporangien statt, welche senkrecht vom Stroma aufsteigen, als Aestchen der Pilzfäden, aus welchen dieses zusammengesetzt ist. Die junge Spore nun umgibt sich bald mit einer derben, wie der körnige Inhalt farblosen Membran; je mehr sie sich ihrer endlichen Kugel- oder Eiform nähert, desto derber wird diese, und nimmt besonders am Scheitel der Spore derart an Dicke zu, dafs sie ein mehr oder minder vorgezogenes Spitzchen daselbst bildet; dabei nimmt sie allmählich eine dunklere Farbe an, erst gelblichbraun, bald aber dunkelbraun und fast undurchsichtig werdend. Nur das Spitzchen bleibt stets etwas heller, als der übrige Theil der Spore; der Grund davon mag der sein, dafs sich in seinem Innern ein kleiner Porenkanal bildet, ähnlich denen im Umkreis der Sporen von Trichobasis, von der Innenseite der Sporenmembran aus bis etwa in die Hälfte des Spitzchens sich erstreckend (III, 6 b). Derselbe läfst ohne Zweifel beim Keimen den Fortsatz des Endosporiums durchtreten, wie dies bei dem ganz gleichen Kanal der obersten Pucciniespore von den Herren Tulasne beobachtet worden ist.

Im Uebrigen ist die Membran der Sporen vollkommen homogen und glatt; der Theil, welcher der Sporenzelle selbst angehört, ist mit der Sporangiumsmembran völlig verschmolzen, und letztere höchstens bei Behandlung mit concentrirter Schwefelsäure als zarter Ueberzug über die Spore zuweilen zu erkennen; der sterile Theil des Sporangiums, welcher unter der Spore zurückbleibt, ist hier derber als bei Trichobasis und trennt sich

---

[1]) Unger l. c. p. 277—282, t. VII fig. 35, 39 B.

von der reifen Spore nicht spontan los. Daher kommt es, dafs
die Uromycesrasen nicht, oder nur wenig verstäuben, sondern
als compacte, dunkelschwarzbraune Flecke auf dem jedesmaligen
Boden sitzen bleiben, und dafs, wenn wirklich eine Lostrennung
der Sporen erfolgt, dieselben stets einen gröfsern oder geringern
Theil ihres Stielchens als kleinen Appendix mit sich nehmen.
Merkwürdig ist die grofse Indifferenz der reifen Sporenmembran
gegen Reagentien; selbst durch längeres Kochen mit Kalilösung
werden sie nur wenig durchsichtiger, ebenso durch concentrirte
Schwefelsäure. An ein Blauwerden durch Jod und Schwefelsäure ist nicht zu denken.

Das Innere der Sporenmembran ist von einem zarten Primordialschlauch (Endosporium Auctor.) ausgekleidet, welcher
durch Salpetersäure, Schwefelsäure und Chlorzinkjodlösung zur
Zusammenziehung gebracht werden kann. Der Inhalt selbst, von
diesem umgeben, ist ein feinkörniges, farbloses Protoplasma. Im
Centrum der reifen Spore zeigt sich stets ein hellerer runder
Fleck — Unger's Sporidiolum, welcher jedoch nicht etwa ein
Kern, sondern eine Vacuole ist, gebildet durch die Anlagerung
des Inhalts an die Wand der Spore. Jod färbt diesen Fleck in
keiner Weise; bringt man dagegen durch obengenannte Reagentien den Primordialschlauch zur Zusammenziehung, so wird der
Fleck entweder kleiner, unregelmäfsiger, oder verschwindet gänzlich. Noch deutlicher wird seine Vacuolennatur durch die Entwicklungsgeschichte dargethan. Das Protoplasma nämlich, welches die junge, glashelle und durchsichtige Sporenzelle enthält,
ist anfangs als ein körniger Schleim gleichmäfsig in jener vertheilt (III, 6 a). Bald aber zeigen sich in ihm meist mehrere
kleinere, durch helleres, mattes Aussehen deutlich als weniger
dicht erfüllt erkennbare Räume, Vacuolen, welche dem Inhalt
das bei andern jungen Zellen vielfach beschriebene schaumig-
blasige Ansehen ertheilen (III, 6, c, c'), und nach und nach in
eine gröfsere (III, 6, d) zusammenfliefsen, welche, indem sich
die dichtere Inhaltsmasse an die Wand zieht, ohngefähr das

3*

Centrum der Spore einnimmt. Wahrscheinlich durch Stoffaufnahme von aufsen nimmt die dichtere Inhaltspartie nun an Menge zu, und die Vacuole daher bis zu einem gewissen Punkt ab, bis sie endlich mit der Reife die auf Taf. III, fig. 6 r dargestellte Gröfse erreicht und beibehält.

Als Bestandtheile des Sporeninhalts erkennt man, durch Behandlung noch durchsichtiger Sporen mit Zucker und Schwefelsäure, Proteinsubstanz und ungefärbt bleibende Fetttröpfchen.

7. Puccinia. PERS. LINK.

Diese Gattung wurde seit ihrer Begründung fast von allen[1]) Mycologen als eine höchst natürliche, durch ihre Sporidia septata und ihr parasitisches Wachsthum charakterisirte anerkannt und mit wenigen Ab- und Zugaben[2]) beibehalten, und ist auch, was ihren Bau und ihre Entwicklung betrifft, von den hier abgehandelten eine der genauest bekannten.

Schon Eysenhardt[3]) beschreibt die Bildung von zwei Sporidien in einem Sporangium, durch Zerfallen des Individuums, eines einzigen in die Länge gedehnten Korns, ähnlich der Zellbildung in den Algenfäden (also durch Zelltheilung), und wenn auch Fries im Systema mycologicum und Unger (l. c.) von zweifächerigen »Sporidien« sprechen, so haben später doch Léveillé[4]), Meyen[5]), Tulasne (l. c.) die Verhältnisse des Baues

---

[1]) v. Straufs (Annalen der Wetter-Gesellschaft II, p. 81) hat diese Gattung nur als subgenus von Uredo betrachtet.

[2]) Phragmidium (Aregma Fr. Syst. myc.) wurde von Link 1816 als besondere Gattung abgetrennt (Magaz. naturf. Freunde VII). Corda rechnete (Icon. fung. tom. III) Mycogone Link zu Puccinia, wohl mit wenig Recht.

[3]) Linnaea vol. III (1828).

[4]) Schon 1839 a. a. O. und 1849 im Diction. univ. d'hist. nat. Art. Urédinés.

[5]) Pflanzenpathol. p. 138 (1841).

und der Entwicklung der Sporen, und die französischen Autoren auch das Mycelium aufs genaueste beschrieben, und besonders war Léveillé der erste, welcher von neuem auf eine Unterscheidung von Sporen und Sporangium bei den Puccinien und Phragmidien drang. Corda[1]) dagegen hat das Vorhandensein eines Sporangiums wiederum geläugnet, im übrigen jedoch viele sehr gute Abbildungen von Puccinien gegeben, und von deutschen Autoren zuerst ihr Mycelium (»Hypothallus«) deutlich erkannt und dargestellt. Ihm ist Bonorden gefolgt.

Eigene Untersuchungen haben mir die Angaben der Herren Léveillé und Tulasne in den meisten Punkten bestätigt. Die Arten welche ich untersuchte — *Puccinia graminis* Pers., *P. arundinacea* Hedw. fil., *P. Polygonorum* Schl., *P. Glechomatis* DC., *P. Menthae* Pers., *P. coronata* Corda, — zeigten ein aus gegliederten Pilzfäden bestehendes Mycelium, zwischen den Zellen der Nährpflanze wuchernd und unter der Epidermis dieser sich zu einem mehr oder minder regelmäfsigen Stroma verfilzend. Wie bei Trichobasis und Uromyces erheben sich senkrecht aus diesem aufrechte Aestchen, in welchen die Sporenbildung vor sich geht. Dieselben sind zuerst spindelförmig, zum gröfsten Theil mit körnigem Protoplasma gleichmäfsig erfüllt, das sich nach unten von einem nur wasserhellen Inhalt führenden Theil scharf abgrenzt (IV, 1 a); eine zarte Membran bekleidet sowohl den körnigen Theil, als den unter ihm befindlichen, zu einem Stielchen heranwachsenden. Alsbald theilt sich das Protoplasma in der Spitze des Sporangiums in zwei Partien, welche, anfangs nur durch eine zarte Linie getrennt (IV, 1 b), sich immer schärfer sondern, indem sich um jede eine an Dicke immer mehr zunehmende Membran bildet und sie als zwei Zellen erkennen läfst. Beide nehmen bald an Gröfse zu; ihre Membranen legen sich an die zarte Sporangiumsmembran fest an und sind schwer davon zu unterscheiden, doch gelingt dies sicher

---

[1]) Icones fungorum tom. IV.

an der Stelle, wo die beiden nun als Sporen zu bezeichnenden
Zellen zusammenstofsen, indem man die gemeinschaftliche Hülle
hier deutlich sich von einer Spore zur andern hinüberziehen
sieht. Die Sporenmembranen nehmen eine ziemlich beträchtliche
Dicke an; wo beide Sporen aneinanderstofsen, liegen sie so fest
aneinander, dafs sie wie eine einfache Querwand aussehen, deren
Bestehen aus zwei Zellmembranen jedoch durch Behandlung mit
Schwefelsäure selbst bei reifen Sporen deutlich wird[1]). Ihre
Verdickung geht überall gleichmäfsig von Statten, mit Ausnahme
des Scheitels der obern Spore, an welchem die Membran sich
ähnlich wie bei Uromyces zu einer Spitze verdickt (IV, 1, c, d, e).
Die Membran der Sporen ist zuerst farblos, völlig wasserhell,
mit der Reife aber nimmt sie allmählich eine nach der jedesmaligen Art mehr oder minder intensiv gelb- oder dunkelbraune
Färbung an und wird dadurch bis zu einem gewissen Grad
undurchsichtig[2]); stets jedoch bleibt das Spitzchen der obern
Spore von etwas hellerer Färbung und gröfserer Durchsichtig-
keit, wie bei Uromyces, und auch hier ist in seinem Innern ein
Porenkanal zu erkennen, wie dies die Herren Tulasne zuerst
nachgewiesen haben. Ein solcher findet sich auch bei der untern Spore, und zwar an der Seite, dicht unter der Fläche, mit
welcher sie an die obere stöfst. Aus beiden Porenkanälen sahen
die genannten Schriftsteller den Schlauch hervortreten, zu welchem sich bei der Keimung das »Endosporium« verlängert, und
zwar keimte sowohl die obere, als die untere Spore (doch nie
zugleich), ein Umstand, der aufser Zweifel setzt, dafs man es
hier wirklich mit zwei Individuen, zwei Sporen zu thun hat.

So wie in Betreff der Membran, zeigen die Pucciniasporen

[1]) Von zwei Zellen (sacs), welche sich nach Léveillé in dem Sporangium bilden, und in welchen (als Specialmutterzellen?) erst die eigentliche
Spore entstehen soll, konnte ich nichts wahrnehmen.

[2]) Ich habe nur Arten mit glatten Sporen untersucht und weifs nicht,
ob die mit warziger Sporenmembran gleiche Entwicklungs- und Struktur-
verhältnisse zeigen.

auch in der Beschaffenheit ihres Inhalts die gröfste Aehnlichkeit
mit denen von Uromyces. Das anfangs gleichmäfsig vertheilte
körnige Protoplasma zeigt bald nach der Entstehung der beiden
Sporen einige kleine Vacuolen, welche bis zur Reife der Sporen
in eine oder zwei gröfsere zusammenfliefsen, welche dann auch
ziemlich in der Mitte der Spore sichtbar sind, während sich
der dichtere Inhalt an die Wand derselben anlagert, aufser von
einem Primordialschlauch (Endosporium der Autoren) umzogen.
Corda hat dieses Verhältnifs richtig erkannt, indem er den Sporen »hohle« Kerne zuschreibt; die gekrümmten Kerne, welche
er beschreibt und abbildet und welche durch eine dicht an der
Membran der Spore liegende Vacuole entstehen müssen, habe
ich nie gesehen.

Andere Autoren haben diese Vacuolen als *sporidiola* beschrieben; ich halte jedoch meine Bezeichnung für gerechtfertigt, da sich diese Flecke gegen Reagentien hier ebenso verhalten, wie oben bei Uromyces angegeben wurde.

Die chemischen Bestandtheile des Sporeninhaltes sind hier,
wenigstens soweit es unsere Reagentien erkennen lassen, dieselben, wie bei Uromyces. Die Sporenmembranen quellen in Schwefelsäure sehr stark auf und zeigen sich alsdann deutlich in einer
gemeinschaftlichen Hülle, dem Sporangium, eingeschlossen. Durch
Jod und Schwefelsäure sah ich dabei zuweilen die Sporen von
Puccinia graminis eine etwas ins Violette spielende Färbung annehmen. Einzelne reife Sporen sind mir zuweilen vorgekommen,
welche gar kein Protoplasma zu enthalten, und somit abortirt,
atrophisch zu sein scheinen. Die Form der Pucciniasporen
ist ungemein wandelbar; nicht nur bei ein und derselben
Art, sondern in ein und demselben Stroma kommen oft die ver-
schiedenartigsten Bildungen vor. Je nachdem die einzelnen mehr
rund oder oval sind, erscheint die Form des Sporangiums, das
sie umschliefst, mehr ei- oder spindelförmig, zeigt eine gröfsere
oder geringere Einschnürung in der Mitte, kurz eine kaum be-
schreibbare Formenmannigfaltigkeit. Desgleichen ist die Verdickung

am Scheitel der obern Spore ohne alle Regel mehr spitz oder stumpf, gerade oder gekrümmt, was ebenfalls auf die Form der durch jedesmal zwei Sporen gebildeten Gruppe grofsen Einflufs hat; bei der Puccinia coronata Corda sind sogar statt einer, 4—5 hornförmige Verdickungen an dem Scheitel der obern Spore vorhanden, und diese selbst wiederum an Form, Gröfse u. s. w. ungemein variabel (t. IV, 2)[1]). Der die Sporen tragende Stiel ist kurz oder lang, ganz verschieden in ein und demselben Rasen — lauter Verhältnisse, die die Umgrenzung der Arten im höchsten Grad erschweren müssen. Als ein Beispiel statt vieler bitte ich tab. IV, fig. 1, d u. e zu vergleichen, zwei gleichweit entwickelte Sporen von ein und demselben Stroma der Puccinia graminis darstellend.

Der Stiel, welcher die Pucciniasporen trägt, ist noch derber und fester mit den Sporen verbunden, als der der Uromycetes; er zeigt deutlich doppelte Contouren, und nimmt nicht selten selbst eine braungelbe Farbe an. Seiner Festigkeit verdanken die Pucciniahäufchen ihre Dauerhaftigkeit und ihr oft sammtartiges Ansehen — letzteres bedingt durch die grofse Anzahl dicht nebeneinandergedrängter Sporen, indem später entstehende die ältern nur bei Seite drängen, nicht aber durch ihren Druck losstofsen können.

8. Epitea Fries. Lecythea Lév.

Das Genus Epitea wurde von Fries im Systema mycologicum[2]) schon 1832, von Léveillé später[3]) nochmals unter dem

[1]) Ob sich in jede dieser Verdickungen ein Porenkanal erstreckt, konnte ich nicht mit Sicherheit entscheiden; doch schien dies allerdings der Fall zu sein.

[2]) T. III, p. 510.

[3]) Ann. d. scienc. nat. 3. série t. VIII (1847). Dict. univ. d'hist. nat. Art. Urédinés (1849).

Namen Lecythea aufgestellt und von letzterem Schriftsteller treff-
lich charakterisirt; dafs beide Autoren dieselben Pilze vor Augen
hatten, wenngleich nicht mit gleicher Klarheit, bezeugt die Angabe von Fries selbst in einer spätern Schrift[1]). Die hierher
gehörigen Pilze sind durch circumscripte, von einem Kreis steriler, keulenförmiger Schläuche umgebene Sporenlager charakterisirt.

Fries hatte diese Schläuche als Pseudoperidium bezeichnet;
Unger[2]) theils als unentwickelte Sporidien von Phragmidium,
theils als Entwicklungsstufen von gestielten Uredosporen; die
meisten Systematiker, bis auf die neueste Zeit, hielten sie für
eine zweite Art von Sporen; Meyen[3]) beschreibt sie als Här-
chen von verschiedener Gestalt, welche die rings um die Uredo
aufgerissenen Ränder der Epidermis bedecken; Corda[4]) als die
Sporenträger; Bonorden ist Unger gefolgt und hat dessen vermeintliche Entwicklungsreihen copirt. Die Herren Tulasne[5])
haben sie zuerst bei verschiedenen Uredines richtig erkannt, beschrieben und abgebildet, nach ihnen Léveillé (a. a. O.).

Die Pilze aus dieser Gattung, welche ich untersuchte, wuchsen auf den Blättern und andern grünen Theilen von *Salix aurita, nigricans, pentandra, viminalis, (Uredo Caprearum* DC.
ex parte? mixta Link? *epitea* Kze.?) *Populus nigra (U.
longicapsula* DC). *Potentilla argentea (U. Potentillarum* DC.
ex p.?[6]) *Rubus fruticosus, caesius, idaeus, (U. Ruborum* DC.)

---

[1]) Summa vegetab. Scandin. pars posterior.
[2]) Die Exantheme, p. 270. tab. V fig. 25 (Uredo Salicis), tab. VI fig. 31,
tab. VII fig. 36.
[3]) Pflanzenpathologie p. 132.
[4]) Bei Uredo Rosae Pers. vergl. Icon. fungor. Tom. V p. 19, tab. V
fig. 70.
[5]) l. c. p. 45.
[6]) Bei der Sporenbildung dieses Pilzes habe ich nichts von der der
übrigen Epiteen Abweichendes gefunden. Physonema potentillarum Léveillé
mufs also entweder etwas Anderes sein, oder dieser Autor in Betreff der
Sporenbildung sich getäuscht haben.

Rosa centifolia (U. Rosae P e r s.*)* und *Lolium perenne (nova species?)*

Das mehr oder minder deutliche Mycelium dieser Formen verwebt sich zu einem meist circumscripten, rundlichen Stroma, aus welchem sich aufrechte Aestchen theils als Basidien oder Sporangien erheben, theils als keulenförmige oder capitate Blasen, zwischen den Sporangien zerstreut oder in einem Kreis um dieselben gestellt, ohne in oder an sich eine Sporenbildung zu zeigen. Die Sporen bilden sich hier wie bei Trichobasis; in der Spitze der aufrechten, sehr zarten Aestchen, die sich aus dem Stroma erheben, sammelt sich zuerst körniges, farbloses Protoplasma an (IV, 7 b), welches alsbald mit einer zarten Membran bekleidet ist, eine immer intensiver werdende rothgelbe Farbe annimmt und, durch die Membran als selbständige Zelle abgegrenzt, bald als ovale oder kugelige Spore auf dem untern sterilen Theil seiner Mutterzelle als auf einem zarten farblosen Stielchen *(Sterigma)* aufsitzt (IV, 7 a, 4, 3 c). Die Mutterzelle selbst ist alsbald über der Spore nicht mehr zu erkennen, dagegen entsteht über der bald ziemlich derb werdenden Membran der letztern eine feine, mit kleinen Stachelchen besetzte Cuticula (IV, 3—7 s), welche der reifen Spore ein zierlich granulirtes Ansehen, ähnlich manchen Pollenkörnern, ertheilt, wie dies schon oben bei andern Gattungen beschrieben wurde. In der Sporenmembran selbst haben die Herren Tulasne Poren (die oben beschriebenen Porenkanäle) erkannt und bei Uredo Ruborum deren 6 gezählt; ich konnte mich zwar in einigen Fällen von circumscripten verdünnten Stellen in dem »Episporium« deutlich überzeugen, ihre Zahl jedoch nie bestimmen. Mit der Reife schnüren sich die Sporen von ihren Stielchen ab und werden durch die in grofser Masse nachwachsenden neuen verdrängt; die Stielchen selbst bleiben zwischen letztern in aufserordentlicher Menge und daher dicht aneinandergedrängt stehen (IV, 4, 5, 6, 7 A).

Die Bildung der Sporen auf ästigen Basidien, d. h. schlauchartigen, oben in mehrere sporenbildende Arme gespaltenen Zellen,

wie dies die Herren Tulasne (a. a. O.) von Uredo Ruborum beschreiben und abbilden, konnte ich niemals erkennen, doch
zweifle ich nicht an der Richtigkeit ihrer Beobachtung, da eine
solche Bildung von der von mir gesehenen nur unwesentlich
differirt. Ein Fall, wo mehrere Sporangien (sterigmata) dicht
nebeneinander aus einem Mutterfaden entspringen, ist tab. IV,
fig. 7 B dargestellt; eine Auftreibung des letztern würde sogleich
das Bild eines solchen Basidiums geben.

Die Anwendung von Reagentien zeigt, dafs die Membran
des Myceliums und der Sporen auch hier aus dem bekannten
Pilzzellstoff besteht. Jod und Schwefelsäure bewirken keine blaue
Färbung, die Säure dagegen löst die Membranen auf; in Aetzkali wird die Sporenmembran glatt, was die Bezeichnung ihrer
Stachelchen und Wärzchen als Theile einer zarten Cuticula
rechtfertigt. Der Sporeninhalt besteht aus dem schon mehr erwähnten Gemenge von Proteinsubstanz und Oel; er ist von
einem zarten Primordialschlauch (Endosporium Auct.) umkleidet,
welcher sich z. B. durch Einwirkung von Salpetersäure zusammenzieht.

Was nun die Pilze, deren Fortpflanzungszellen eben beschrieben wurden, von den früher betrachteten besonders auszeichnet, sind die schon erwähnten sterilen Schläuche, welche
aus ihrem Stroma entspringen.

Die kleinen, kreisrunden Häufchen oder Pustelchen, welche
Epitea Ruborum, Rosae, Potentillarum auf den Pflanzentheilen,
welche sie bewohnen, bilden, zeigen rings um die dicht beisammenstehende Sporangien- und Sporenmasse einen dichten
Kreis schlauchartiger, nach oben etwas keulenförmig erweiterter
Zellen, welche das Sporenlager überragen, und, mit ihren Spitzen
elegant nach innen gekrümmt, eine Art von Hülle um dasselbe
darstellen (IV, 3).

Diese Schläuche sind in mehrere Reihen, jedoch ohne viele
Ordnung gestellt; die äufsersten kürzer, dicker und mehr gerade
nach aufsen gerichtet, die innern hauptsächlich von der zuerst

beschriebenen Form, schlank und in der angegebenen Weise über das Sporenlager hin gekrümmt; kleine Abweichungen in ihrer Form kommen hie und da vor, indem mitunter einzelne knieförmig gebogen (IV, 3 x) oder gar mit einem kleinen Zweig versehen sind. Dieselben haben sammt und sonders eine einfache aber derbe, doppelt contourirte, glatte, farblose Membran, aus Pilzzellstoff bestehend, und einen Inhalt, welcher in einer leicht rosenroth gefärbten dünnen Flüssigkeit mehr oder minder zahlreiche schön rothe Körnchen suspendirt zeigt.

Weniger regelmäfsig ist die Form und Anordnung dieser Schläuche bei den andern oben namhaft gemachten Arten. In der Regel stehen hier, rings um das Sporenlager, zu äufserst kurze, keulige, nach aufsen gerichtete, mit einer einfachen Membran versehene Blasen (IV, 5, 6 a), den bei den oben erwähnten Formen zu äufserst stehenden gleich; je weiter nach innen, desto mehr strecken sich dieselben in die Länge, und zwar so, dafs ihr unterer Theil stielförmig, dünn, oft fast ohne Lumen, ihr oberer dagegen weit aufgeblasen ist, und so das Ganze einen gestielten kugeligen Kolben darstellt (IV, 4—7 b). Derartige Gebilde sind nicht nur rings um das Sporenlager gestellt, sondern finden sich auch in gröfserer oder geringerer Anzahl zwischen den gestielten Sporen zerstreut; sie sind gerade aufgerichtet, überragen die Sporangien, und zeigen in ihrer Bildung mancherlei Variationen, theils bei verschiedenen Arten, theils auch in ein und demselben Pilzkörper.

In den Sporenlagern von Epitea Lolii (IV, 4) fand ich sowohl um, als zwischen den Sporen lange, nach oben breiter werdende, plötzlich in eine kopfförmig aufsitzende Blase erweiterte Schläuche; unter dieser befindet sich nicht selten eine das Lumen fast auf 0 reducirende Einschnürung. Die Membran dieser Gebilde ist derb, aber völlig homogen, farblos; sie umschliefst einen sehr diluirt rosenrothen, ebenfalls homogenen (wie es scheint wässerigen) Inhalt. — Die sterilen Schläuche der auf den oben genannten Salicineen wachsenden Pilze zeichnen sich, mit Ausnahme der schon erwähnten äußersten, vor allem durch ihre meist ungemein dicke, geschichtete Membran aus (IV, 6, 7 b). Ihr stielförmiger Theil ist meistens sehr dünn und seine Membran dergestalt verdickt, daß er ohne alles Lumen zu sein scheint; plötzlich erweitert er sich in die verhältnißmäßig sehr große Endblase, deren Lumen nach dem Stiel hin kurz zugespitzt erscheint. In seltenern Fällen ist der Stieltheil breit, ein weites Lumen zeigend, vor seinem Uebergang in die Endblase aber alsdann ebenfalls bis zum Verschwinden des Lumens eingeschnürt (IV, 6 b). Schwankungen und Uebergänge zwischen diesen Formen, Abweichungen aller Art in der Länge und Dicke des Stiels und der Endblase, in der Mächtigkeit der Membran und der Anzahl ihrer Verdickungsschichten finden sich in jeder erdenklichen Weise. Wo sich Lumina dieser Gebilde überhaupt vorfinden, sind sie anfangs von der beschriebenen rosenrothen Flüssigkeit erfüllt, in welcher dunkelrothe Körnchen meist sparsam suspendirt sind; später verschwindet die Farbe des Inhalts, derselbe wird wasserhell.

Die Membranen, welche diesen Inhalt umschließen, sind vollkommen farblos, und obgleich sie durch ihre Mehrschichtigkeit die größte Aehnlichkeit mit vielen aus Cellulose bestehenden Zellwänden anderer Pflanzen haben, ist dennoch durch Jod und Schwefelsäure in keiner Weise eine Blaufärbung derselben zu erzwingen; sie quellen jedoch durch die Säure auf, und erweisen sich als aus der für die meisten Pilze charakteristischen Modifikation jenes Stoffes stehend. Ueber die chemische Beschaffenheit des Inhalts ist wenig zu sagen; er bleibt mit Zucker und Schwefelsäure behandelt ebenso rosenroth wie vorher.

Jedes einigermaßen brauchbare Präparat zeigt, daß die beschriebenen Gebilde nicht Produkte der Pflanze, auf welcher der Pilz vegetirt, wie einige Autoren meinten, sondern Theile des Hymeniums, der sporenbildenden Schicht desselben sind und sich aus dem dieser zum Ursprung dienenden Pilzgewebe, welches wir

Stroma genannt haben (Clinode Léveillé), ebenso wie die Sporangien erheben und mit diesen die Epidermis der Nährpflanze
durchbrechen (vgl. IV, 4). Sowohl die Autoren, welche sie für
eigens geformte oder für unentwickelte Sporen hielten, haben
dies erkannt, als auch die Herren Tulasne und Léveillé, welche
einsahen, dafs sie eine ganz andere Bedeutung haben, als die
Sporen. Was dies nun für eine Bedeutung sei, ist eine nahe-
liegende Frage.

Die Herren Tulasne nennen sie geradezu *Paraphysen,* ein
Name, welchen man bekanntlich den zahlreichen, oft aus mehrern aneinander gereihten Zellen[1]) bestehenden Fäden gegeben
hat, welche in dem Hymenium der Lichenen, Pyrenomyceten
und Discomyceten zwischen den Sporenschläuchen stehen. Léveillé bezeichnet sie als *Cystides,* indem er sie für analoge Gebilde erklärt, wie die blasenförmigen Zellen im Hymenium vieler
Agarici, Boleti u. s. w., denen er schon früher[2]) diesen Namen
beilegte, während sie andere Autoren phantasiereicher als un-
fruchtbare Blüthen oder nackte Staubgefäfse[3]) oder Pilzantheren[4]),
Pollinaria, bezeichnet haben, ohne jedoch diese Benennungen im
Geringsten zu motiviren[5]).

Dafs durch die bei den Brandpilzen vorkommenden derar-
tigen Gebilde irgend eine Befruchtung vermittelt werde, ist mit
Entschiedenheit zurückzuweisen. Sie bilden sich theils vor, theils
während der Entwicklung der Sporen, und zeigen aufser Wachs-

[1]) vgl. Schacht, die Pflanzenzelle, tab. I fig. 10, tab. II fig. 12. L—R.
Tulasne Mémoire etc. sur les Lichens, Annales des sciences naturelles,
3. série t. XVII.
[2]) Recherches sur l'hymenium des Champignons. Ann. des scienc. nat.
2. série t. VIII.
[3]) Micheli nova plantarum genera, p. 117.
[4]) Corda, Ic. fung. Anleit. zum Stud. der Mycol.
[5]) Eine befruchtende Funktion dieser »Micheli'schen Körper« ist im
höchsten Grade unwahrscheinlich; dafür sprechende Facta liegen geradezu
keine vor; dagegen sprechende finden sich z. B. bei Bonorden (Handb. d.
allg. Mycologie p. 178) angeführt.

thum und Absterben keine Veränderungen während ihres Da-
seins, am allerwenigsten Bildungen, welche mit denen auch nur
im Geringsten verglichen werden könnten, von denen es gewifs
oder wahrscheinlich ist, dafs sie bei andern Cryptogamen einen
Befruchtungsact ausüben. Sie umgeben das Sporenlager von
Physonema gyrosum Léveillé (Uredo gyrosa Rebent.) in derselben
Weise, wie das der Epiteen; bei diesem Pilz aber habe ich
Organe gefunden, welche sicherlich die einzigen sind, von denen
man mit einiger Wahrscheinlichkeit bei den Pilzen befruchtende
Eigenschaften vermuthen kann, und welche auch in ähnlicher
Weise bei vielen andern Pilzen und den Lichenen nachgewiesen
sind. Zweierlei ganz verschiedene männliche Organe aber bei
ein und demselben Pilz anzunehmen, dürfte doch selbst für
Solche zuviel sein, die überall Antheren und Spermatozoen fin-
den zu müssen glauben.

Das einzige, was wir von den Paraphysen der Flechten,
Pyrenomyceten und Discomyceten, den Michelischen Körpern,
und den in Frage stehenden Gebilden der Uredineen mit Sicherheit wissen, ist, dafs alle drei sterile Zellen oder Zellreihen sind,
welche zwischen den, oder um die sporenbildenden in dem sogenannten Hymenium vorkommen, dafs sie, wie die sporenbildenden Zellen, mehr oder minder veränderte Enden der verzweigten Fäden (Hyphae) sind, welche das Gewebe der Pilze und
Flechten bilden. Sie stimmen also in ihrer morphologischen
Bedeutung überein, und sind defshalb mit einem gemeinschaftlichen Namen zu bezeichnen, als welcher ohne Zweifel der alte
sehr gebräuchliche und passende Ausdruck *Paraphysen* zu wäh-
len ist. Ob sie ein- oder mehrzellig, kugelig, blasenförmig u. s. w.
sind, ist hier wie überall bei gleichbedeutenden Organen durch
Adjectiva zu bezeichnen. In ihrer physiologischen Bedeutung
haben wir keinen Grund Unterschiede anzunehmen, und ihre
Formverschiedenheit kann so wenig ein Grund zu mehrern Namen sein, als z. B. die so verschiedenen Blätter eines Sedum,
Musa, Mimosa, Nepenthes anders genannt werden dürfen, als

Blätter. Finden sich später wirklich Verschiedenheiten, die uns
noch unerkannt, oder bis jetzt unerkennbar sind, so bleibt ja
zum Namengeben immer noch Zeit.

Ich muſs noch erwähnen, daſs ich solche Paraphysen gleichsam rudimentär bei Uredo Rubigo DC. zuweilen gefunden habe;
sie standen hie und da zwischen den Sporen, und unterschieden
sich von Sporenstielchen nur durch etwas beträchtlichere Länge
und Weite, so daſs ich nicht mit Sicherheit angeben kann, ob
es nicht vielleicht solche waren, welche nach dem Abfallen ihrer
Sporen abnormer Weise noch um ein geringes weiter gewach-
sen sind. Jedenfalls verdienen sie als Zwischenstufen zwischen
den stielartigen Sporangienzellen und den oben beschriebenen
Paraphysen Beachtung.

Léveillé beschreibt noch zwei andere Genera von Brand-
pilzen, bei welchen Paraphysen vorkommen, *Podosporium*[1]) und
Physonema. Die Paraphysen von *Podocystis Lini* Lév. (Uredo
DC.) fand ich genau wie die von Epitea Salicis und Verwandten.
Die Sporenentwicklung hatte ich leider nicht zu verfolgen Ge-
legenheit, sie scheint aber ähnlich von Statten zu gehen, wie
bei Coleosporium Lév., was auch mit der Beschreibung des
Autors übereinstimmt.

Von dem Genus *Physonema* konnte ich nur die Rebentisch'sche Uredo gyrosa untersuchen, von welcher unten die
Rede sein wird.

---

[1]) Der Name wurde von Fries (Summa veg. Scand. p. 512) in *Podocystis* umgeändert, weil Podosporium schon ein anderer Pilz genannt worden war.

9. Phragmidium. Link[1].

Die Phragmidien sind im reifen Zustand den Puccinien ähnlich; sie bilden, wenigstens unsere europäischen Arten, wie diese sammtartige, dauerhafte Räschen auf grünen Pflanzentheilen, unter ihrer Epidermis hervorbrechend, meist auf Blättern von Rosaceen, selten von Ulmen, haben wie sie »sporidia septata« und wurden daher auch vor Link mit ihnen in ein Genus zusammengefafst. Die Aufmerksamkeit der Beobachter war auch hier fast ausschliefslich auf die sogenannten Sporen gerichtet; ein Mycelium erwähnen nur Léveillé, L — R. und C. Tulasne und Bonorden (a. d. aa. OO.); Unger erklärt dasselbe hier, wie überall für eine Matrix. Was die Bildung und Entwicklung jener betrifft, so hat wohl zuerst Eysenhardt[2] richtig hervorgehoben, dafs die vermeintlichen querwändigen Sporidien (= Sporen) der frühern Autoren, *sporangia* sind, welche mehrere (1 — 7) durch »Zerfallen des Individuums« entstandene Sporidia enthalten. Seiner Ansicht traten Fries (Syst. myc. III, p. 495), Léveillé[3] und die Herren Tulasne (l. c.) bei, während Unger[4], Corda[5], viele Floristen, und selbst neuerdings noch Bonorden[6] von septirten, vielfächerigen Sporen reden.

Die Entwicklung der Sporangien soll nach Eysenhardt und Schwabe[7] durch Heranwachsen von Uredokörnern vor sich gehen; Unger hat die Unrichtigkeit dieser Ansichten erkannt, hält aber, neben manchen trefflichen Beobachtungen, die Paraphysen der Phragmidien und mit diesen gesellig wachsenden

---

[1] Observ. in ord. plant. natur. Diss. II. Magazin d. naturf. Freunde zu Berlin. VII (1816).
[2] Linnaea III (1828).
[3] Schon 1839. Ann. d. sc. nat. 2. série t. XI.
[4] Die Exantheme p. 290.
[5] Ic. fung. Tom. IV p. 19.
[6] Allg. Mycologie (1851), p. 49.
[7] Linnaea III p. 277.

Epiteen für die jungen Sporen. Die genauesten Angaben über die Entwicklung dieser gibt Léveillé[1]).

Das Mycelium der Phragmidien wuchert, wie das der anderen Brandpilze, im Gewebe der Nährpflanzen, der Blätter von *Rubus*, *Rosa* und *Potentilla*. Es ist von dem der Uredines, Epiteen u. s. w. nicht verschieden, und es gelingt daher selten, sich zu überzeugen, daſs diesen Pilzen wirklich ein selbständiges Mycelium zukommt, indem sie in der Regel mit Epiteen gesellig und vermischt vegetiren. Man hat daher, abgesehen von der Meinung, die Phragmidien bildeten sich durch Heranwachsen der Sporen von Epitea, geglaubt, sie entständen aus demselben Mycelium (oder Matrix) wie die Epiteen, oder sie seien Secundärparasiten auf diesen[2]). Daſs dem nicht so sei, beweisen die Mittheilungen von Fries[3]) und Bonorden, mit welchen meine Beobachtungen übereinstimmen; allerdings gebe ich zu, daſs zweifellos reine Räschen von Phragmidium selten zu finden sind.

Das Mycelium der Phragmidien bildet, durch Verwebung der Fäden, aus denen es besteht, ebenfalls ein Stroma, welches mehr oder weniger circumscript kreisrund ist, und aus welchem wiederum aufrechte Aeste, in groſser Menge beisammen stehend, sich zur Bildung des Sporenlagers erheben, und mit ihrer Entwickelung die Epidermis der Nährpflanze durchbrechen. Auch bei ganz bestimmt reinen Pilzhäufchen, welche ich auf Rubus fruticosus einmal in groſser Menge fand[4]), stehen im Umkreis des Sporenlagers keulenförmige, nach innen gekrümmte Paraphysen, von ganz demselben Bau wie die oben bei Epitea be-

---

[1]) Im Dict. univ. d'hist. naturelle Art. Uredinés (1849).
[2]) Vergl. hierüber den zweiten Abschnitt d. B.
[3]) Summa vegetab. Scandinaviae. Pars posterior, p. 513. »Vidi superficiale, absque Uredinea basi!«
[4]) Es befanden sich auf diesen Blättern theils Räschen von Epitea, theils von Phragmidium, beide ganz rein; weder in den Epiteen waren Sporen von dem andern Pilz, noch in diesem, der noch ziemlich jung war, welche von Epitea zu finden, also keine Spur eines Uebergangs.

schriebenen, in mehrere unregelmäfsige Reihen geordnet. Die
von denselben umringten Sporangien zeigen in ihrem jüngsten
von mir beobachtetem Zustande einige Aehnlichkeit mit ihnen,
indem sie gleich grofs, unten schmäler, nach oben breiter werdend, und ebenfalls von hellrothem, körnigem Inhalt angefüllt
sind. Ihre in diesem Alter bei weitem zartere Membran läfst
sie jedoch sogleich von den Paraphysen unterscheiden, und
alsbald der Umstand, dafs sich ihr Inhalt nach der Spitze zu-
sammenhäuft und sich von dem untern Theile scharf abgrenzt
(IV, 8, 9 a), so dafs dieser als ein zartes durchsichtiges Stielchen
eine längliche Zelle trägt, welche eine rosenrothe, mit lebhaft
rothen Körnchen gemischte Substanz enthält. Indem sich dieser
Inhalt verdichtet, grobkörniger, massiger und intensiver gefärbt
wird, theilt er sich alsbald in mehrere, in eine Reihe geordnete
Zellen, die zu den Sporen heranwachsen. Diese Tochterzell-
bildung beginnt in der Spitze der Mutterzelle, allmählich nach
unten fortschreitend, und wird eingeleitet durch Absonderung
eines Theils des Sporangien-Inhalts, ohne dafs die Einschnürung
eines Primordialschlauchs mir je sichtbar geworden wäre; es
ist also eine »freie Zellbildung«. Ihr Fortschreiten von der
Spitze nach unten ist daran deutlich zu erkennen, dafs die
oberste Zelle stets am weitesten, die unterste bei unreifen Sporenreihen stets am wenigsten ausgebildet ist (IV, 9, 10). Gleich
nach ihrer Entstehung zeigen die jungen Sporen eine ziemlich
dicke Membran, und ihr Wachsthum ist zunächst in einer sehr
beträchtlichen Verdickung dieser hauptsächlich ausgesprochen.
Wo die Sporen einander berühren, ist sie wenig merklich, an
ihren freien Flächen dagegen erscheinen sie alsbald von einer
sehr mächtigen, glasigen, wie es scheint weichen, gelatinösen
Hülle umgeben, welche über der obersten Spore in ein mehr
oder minder entwickeltes, bisweilen jedoch fehlendes Spitzchen
vorgezogen, kegelförmig, über der untersten, und der obersten
sobald das Spitzchen fehlt, halbkugelig erscheint, während sie
die übrigen als ein dicker Ring umgiebt und als Scheiben er-

4 *

scheinen läfst. Die Membran ihrer Mutterzelle, des Sporangiums, ist alsbald über den Sporen nicht mehr zu erkennen. Der Sack, welchen die Herren Tulasne (l. c.) über die Sporen hergehend beschreiben und für das Sporangium erklären, ist eine Cuticula, welche die Sporenreihen von Phragmidium incrassatum Lk. überzieht als eine stets farblose, durchsichtige, warzig-rauhe Schicht (IV, 8, 9), während sie z. B. bei Phr. obtusatum Fr. fehlt (IV, 10). Diese Cuticula verschwindet durch Erwärmen mit Kalilösung. Das Wachsthum des Lumens der Sporenzelle geschieht anfangs weit langsamer, als die Verdickung der Membran, und erst dann auffallender, wenn die innerste Schicht dieser sich gebildet hat. Ist nämlich die Verdickung der Sporenmembran in der beschriebenen Weise bis zu einem gewissen Grad gediehen, so erscheint innerhalb derselben, direct um den Inhalt, eine zweite, scharf contourirte Haut (IV, 9 d, e, 10 c—e), welche als Endosporium bezeichnet werden, während die besagte äufsere Episporium heifsen kann; dafs jene zuletzt auftritt, beweist deutlich, dafs das Wachsthum der Zellenmembran in die Dicke hier durch stetige Anlagerung von innen erfolgt. Ist das Endosporium gebildet, so vergröfsert sich das Lumen der Sporenzelle, und zwar derart, dafs es alsbald fast denselben Breitedurchmesser hat, welchen bisher die glasige Aufsenmembran zeigte, indem diese an Dicke abnimmt, jemehr die von ihr umschlossene Partie sich vergröfsert (IV, 9 e, 10 d — f.); zugleich nimmt sowohl die Aufsen- als die Innenmembran eine immer dunkler werdende braune Färbung an, so dafs schliefslich die ganze Sporenreihe, wiederum in von oben nach unten fortschreitender Richtung, eine schwarzbraune, fast undurchsichtige Masse darstellt (IV, 8, 10f). Von dieser dunkeln Färbung ist allein das Spitzchen über der obersten Spore, wo es bedeutender entwickelt ist, ausgenommen, und die Cuticula, welche die Sporenreihe überzieht. Beide erscheinen z. B. bei Phragm. incrassatum farblos (IV, 8, 9), während das kurze, oft kaum erkennbare Spitzchen von Phragm. obtusatum an der braunen Farbe theilnimmt (IV, 10 e, f). Die

Form, welche die Sporen zuletzt annehmen, ist bei der obersten
und untersten halbkugelig, die übrigen stellen Scheiben oder
Cylinder vor; der vom Endosporium eingeschlossene Theil erscheint als mehr oder minder abgeplattete Kugel. Es ist auffallend, dafs hier mit dem Wachsthum des Endosporiums eine
Abnahme des Exosporiums an Mächtigkeit eintritt und, gleichen
Schritt damit einhaltend, eine Braunfärbung beider Membranen,
und es liegt die Vermuthung nahe, dafs dieses Braunwerden
wenigstens theilweise in einer Verdichtung des Stoffes seinen
Grund hat, aus welchem das Exosporium besteht.

Diese Substanz selbst verhält sich gegen Reagentien ähnlich,
wie die Sporenmembran der Uromycetes und Puccinien. In
Schwefelsäure quillt sie auf, ohne jedoch, nach vorhergegangener
Anwendung von Jod, ihre jedesmalige Farbe zu ändern; Kali
greift sie nicht im geringsten an. Zugleich erkennt man, wie
dies die Herren Tulasne zuerst dargethan, in der dicken, den
Mantel des Cylinders oder Kegels, den die Sporen darstellen,
bildenden Hülle Porenkanäle, wie bei den genannten Genera,
und zwar drei im Umkreis einer jeden Spore.

Es wird aus der mitgetheilten Entwickelungsgeschichte hinlänglich einleuchtend sein, dafs wir, obgleich eine Keimung der
Phragmidien noch nie beobachtet wurde, die Endproducte des
beschriebenen Zellbildungsprocesses nicht nur als Sporen bezeichnen dürfen, sondern müssen, da sie, wie die der anderen
beschriebenen Pilze, denen sie auch in ihrer Struktur gleichen,
durch freie Zellbildung in einem, wenn auch vergänglichen, Sporangium entstehen.

Der Inhalt dieser Sporen ist bei der Reife feinkörnig, an
die Innenwand angelagert und zeigt, wie bei Uromyces und
Puccinia im Innern eine runde Vacuole (IV, 8f, 9e, 10d — f).
Im jüngern Zustand wird er durch Zucker und Schwefelsäure
rosenroth, im reifen blau gefärbt; letzteres auffallende Verhalten
haben ebenfalls die Herren Tulasne schon, bei Anwendung
der Säure allein, beobachtet; ich fand es auch bei Anwendung von

Jod und Schwefelsäure. Eine Erklärung mufs ich schuldig
bleiben.

So sehr die Entwickelung der Sporen in allen Fällen gleich
ist, so ungleich ist ihre Anzahl in einem Sporangium, indem
dieselbe bei ein und derselben Art, in ein und demselben Räschen
zwischen 1 und 10 schwankend von verschiedenen Beobachtern
gefunden worden ist; ich fand 2 — 7. Sie scheint sich ganz
nach der Menge des in dem jedesmaligen Sporangium vorhandenen Protoplasma zu richten. Ebenso veränderlich ist die Form,
Gröfse und Regelmäfsigkeit des der obersten Spore aufsitzenden
Spitzchens. Die Sporen stellen in der Regel eine einfache Reihe
dar, indem gleichsam eine auf der andern steht; an den Be-
rührungsflächen je zweier Sporen zeigt diese Reihe entweder
Einschnürungen, wenn die Sporen mehr kugelig sind, oder
keine, wenn letztere reinere Cylinderform haben, ein Verhältnifs,
das ebenfalls in einem Räschen allen erdenklichen Modificationen
unterworfen ist. Selten tritt der Fall ein, dafs eine Spore
seitlich an der von den übrigen gebildeten Reihe sitzt, entweder
neben der obersten, oder mehr in der Mitte [1]. Nach der mitgetheilten Entwickelungsgeschichte der Sporen hat dieses Verhältnifs wahrscheinlich in einer von Anfang an unregelmäfsigen,
von der gewöhnlichen abweichenden Form des Sporangiums
seinen Grund; directe Beobachtung war mir hier nicht möglich.

Diese verschieden geformten Sporenreihen sitzen vermittelst
eines derben, wasserhellen Stiels dem Pilzstroma auf, welcher
entsteht durch Wachsthum des kleinen zarten Trägers, von
dem wir oben die junge Sporangiumszelle sich abgrenzen sahen.
Anfangs wächst das Stielchen sehr langsam, und erst nachdem
die Sporenbildung etwas fortgeschritten, beginnt es, sich kräftiger
zu strecken und zu verdicken, so dafs es schliefslich die Länge
der ausgebildeten Sporenreihe stets erreicht, häufig übertrifft.
Sein diluirt röthlicher Inhalt sondert eine derbe, wasserhelle

---

[1] Vergl. Eysenhardt l. c.

homogene Membran ab, welche sich häufig bis zum Verschwinden des Lumens verdickt (IV, 10 f). Dabei schwillt der Stiel bei Phragm. incrassatum über der Stelle, wo er mit dem Stroma in Verbindung ist, knollig an, indem sowohl die Membran als das Lumen desselben mehr oder minder plötzlich erweitert, dann wieder schmäler werden, einen meist spindelförmigen Bulbus darstellend (IV, 8 f). Bei Phragm. obtusatum findet eine solche Verdickung nicht statt, sondern der Stiel ist unten, wo er dem betreffenden Stromafaden aufsitzt, einfach abgerundet (IV, 10 f). Die dicke, glasige Membran des Stiels besteht aus Pilzzellstoff.

10. Aecidinei. Léveillé [1]).

Es wird, mehrerer Conformitäten halber, zweckmäfsig sein, die verschiedenen Formen, welche die Persoon'sche Gattung Aecidium bilden, zuerst gemeinschaftlich zu betrachten, und dann erst auf die später vorgenommenen Trennungen von derselben einzugehen. Die Gebilde, welche Persoon in der Synopsis fungorum unter dem genannten Namen zusammenfafste, sind an den kleinen, mit rothem oder bräunlichem Sporenpulver gefüllten Becherchen leicht kenntlich, welche sie auf den grünen Theilen vieler Pflanzen darstellen, nachdem sie sich im Innern derselben entwickelt und die Oberhaut durchbrochen haben. Mehrere dieser Formen gehören zu den allerhäufigsten Brandpilzen, und machen sich schon lange ehe ihr Sporenpulver frei wird, durch eine Verunstaltung der Pflanze, in der sie sich entwickeln, oder durch bleiche oder rothe Flecke, die sie auf ihren grünen Theilen bilden, leicht kenntlich.

So unterscheiden sich z. B. die Sprosse von *Euphorbia Cyparissias*, in denen sich das häufige *Aecidium Euphorbiae* entwickelt, schon in frühester Jugend von den gesunden Trie-

---

[1]) Ann. des sc. nat. 2. série, t. XI (1839).

ben höchst auffallend durch ihre weit kürzern, breitern und
dickern Blätter und bleicher grüne Färbung. Die jüngsten dieser kranken Sprosse, die ich untersuchte, zeigten im Innern der
Blätter, deren Gewebszellen an Zahl bedeutend vermehrt waren
und ein unregelmäfsiges Parenchym, von grofsen Intercellulargängen hie und da durchsetzt, durch das ganze Diachym des
Blattes bildeten, zwischen diesen Zellen zahlreiche Fäden eines
Pilzmyceliums, etwa $\frac{1}{500}$''' dick, mit zarten Wandungen, vielfach verästelt und gegliedert (V, 5). Ihr Inhalt ist theils wasserhell, theils trübe, körnig, und letztere Beschaffenheit findet sich
besonders an solchen Stellen, wo sich die Fäden, dicht unter
der Epidermis, zu hohlen, oben offnen, kugeligen Pilzkörpern vereinigen und verflechten, das Blattgewebe aus dem Wege drän-
gend, innerhalb welcher wiederum eine Menge noch feinerer
Fäden zu unterscheiden sind, die von dem Umkreis der Kugel
entspringend, gerade nach ihrer Mitte hin convergiren, dort
durch eine körnige Masse von einander getrennt. Nur die der
obern Oeffnung des kugeligen Pilzkörpers zunächst stehenden
sind etwas mehr aufwärts, nach der Epidermis der jedesmaligen
Blattfläche zu gerichtet, welche den beschriebenen Körper unmittelbar überzieht (V, 1). Sie zeichnen sich von den übrigen
aufserdem durch ihre intensiv gelbrothe Färbung aus, welche
von gleichfarbigen Körnchen oder Tröpfchen, oder einer gleichmäfsig vertheilten Masse, die ihre Membran umschliefst, herrührt,
während die Farbe der übrigen Fäden und der ihre Spitzen
umgebenden, körnig erscheinenden Masse viel blasser rothgelb
ist. Durch das Wachsthum jener obersten Fäden und die Vermehrung der mittlern Körnermasse nimmt der Pilzkörper nun
an Gröfse zu, wölbt die Epidermis in die Höhe und durchbricht
diese schliefslich, indem die äufsersten Fäden gerade heraus-
wachsen, als ein kleines, rothes, trichterförmiges Büschel, welches der von der Epidermis gebildeten warzenförmigen Erhaben-
heit aufsitzt und die zwischen den untern Fäden angesammelte
Körnermasse mitten durch treten läfst (V, 2).

Dem blofsen Auge erscheinen diese Gebilde als kleine, rothgelbe, allmählich dunkleres Colorit annehmende Punkte. Sie
finden sich in gleicher Weise im Frühling auf all den Pflanzentheilen, welche später Aecidien zeigen. So sind sie sehr leicht
zu beobachten auf den rothgelben Flecken der *Berberis*blätter,
auf deren unterer Fläche später Accidium hervorbricht, und gerade bei einer so gemeinen Pflanze ist es leicht zu controliren,
dafs nur an solchen Stellen die Entwicklung des genannten sporenbildenden Pilzes stattfindet, auf welchen früher die erwähnten
rothen Pünktchen gesessen haben. Sie erscheinen desgleichen
auf den rothen Flecken der Blätter des *Birn-* und *Ebereschen-
baumes,* aus welchen später *Aecidium cancellatum* Pers. und
Acc. cornutum P. hervorbrechen; ferner auf denjenigen Theilen
von *Cirsium arvense,* in denen sich nachher *Uredo suaveolens*
Pers.¹) entwickelt, aufserdem fand ich sie noch bei *Uredo Orchidis* Pers. und in etwas weniges abweichender Form bei
U. gyrosa Rebent.

Wo die Sporenlager der genannten Pilze schon mehr oder
minder reif waren, fand ich ihre beschriebenen Vorläufer oft
vertrocknet, aber in Tausenden von Fällen, die ich untersuchte,
deutlich erkennbar; nur bei einem auf *Trifolium montanum* im
Juli und auf *Trifolium repens* Ende August in spärlichen Exemplaren gesammelten Aecidium gelang mir dies nicht; beider Sporenlager waren aber vollständig reif, und ich glaube daher annehmen zu dürfen, dafs ihre Vorläufer schon zu Grunde gegangen
waren, besonders da ich ein solches zu Grunde gehen auch bei
andern, z. B. *Aecidium Urticae* deutlich beobachten konnte, und
jene bei unzähligen Exemplaren von den genannten Formen, so

---

¹) Sie sind es, die durch ihren Geruch, den ich am liebsten mit dem
von Oenothera biennis Abends entwickelten vergleichen mögte, dem Pilz
den Namen suaveolens erworben haben. Ob sie bei den Aecidien ebenfalls
stets diesen Duft verbreiten, habe ich zu beobachten versäumt; doch spricht
dafür Léveillé's Angabe (Dict. univ.), dafs Aecid. Tragopogi in der Jugend
denselben Geruch besitze, wie genannte Uredo.

wie ferner von *Aecidium Asperifoliacearum* P., *Personatarum,
Rhamni, Ranunculacearum, Grossulariae, Urticarum, leucospermum* DC., *Parnassiae, Falcariae* constant vorfand. Auch
bei getrockneten Exemplaren von *Peridermium Pini, P. Abie-
tis* Fr. und *Aecidium columnare* glaube ich sie gefunden zu
haben; doch liefs es sich nicht sicher entscheiden, weil die Körperchen sehr eingeschrumpft und ihr Bau dadurch undeutlich waren,
und ich habe defshalb auch weitere Nachforschungen an trocknen Exemplaren unterlassen — zumal da die Untersuchung so
vieler frischer so ganz übereinstimmende Resultate ergeben hatte.

Bei der aufserordentlichen Regelmäfsigkeit, mit welcher diese
Vorläufer der Aecidien und der andern genannten Pilze in allen
Fällen vorhanden sind, ist es auffallend, dafs so wenige Beobachter ihrer erwähnen. Zwar spricht schon Rebentisch[1]) von
Punkten, welche auf der obern Blattfläche der Birnblätter in
den rothen Flecken sich finden, welche seine Roestelia cancellata
verursacht. Die erste ausführlichere Mittheilung jedoch findet
sich bei Unger[2]). Er fand sie bei allen Aecidien und Roestelien und bei Uredo suaveolens als Vorläufer des eigentlichen
»Exanthems«, auf allen Pflanzen gleich gebildet, und beschreibt
sie als eigene Form, als *Aecidiolum exanthematum.*

Eine noch bessere und ausführlichere Beschreibung des Baues
und der räumlichen und zeitlichen Verhältnisse des Vorkommens
dieser Bildungen gibt Meyen[3]); er hält sie für Gebilde, die
wirklich zu den Aecidien gehören, und nennt sie *männliche
Aecidienpusteln.*

Bonorden[4]) beschreibt sie wiederum als selbständige Pflanzen und stellt sie zu Roestelia — also mit R. cancellata in
ein Genus!

---

[1]) Prodr. florae Neomarch.
[2]) Die Exantheme, p. 300, tab. III fig. 18, 19.
[3]) Pflanzenpathol. p. 143.
[4]) Handb. d. allg. Mycologie.

Endlich erwähnt L—R. Tulasne derselben in dem Aufsatz, welcher zuerst genauere Auskunft gab über ein zweites mit der Fructification zusammenhängendes Organ bei den Pyrenomyceten, Discomyceten und Lichenen[1]). Tulasne nennt diese Organe bei den Lichenen, wo er sie am genauesten beschrieben[2]), *Spermogonia* und vermuthet, dafs das Aecidiolum exanthematum Ungers[3]) die Spermogonien der Aecidien, der Uredo suaveolens u. s. w. darstelle.

In der That war diese Vermuthung die richtige, wie eine genauere Vergleichung des Baues und Auftretens dieser Gebilde zeigt. Die Spermogonien der Aecidineen, der Uredo suaveolens und Orchidis entstehen durch Verfilzung des Myceliums dieser Pilze zu hohlen, kugeligen oder halbkugeligen, oben offenen Pilzkörpern, welche ziemlich zart und daher nur durch Präparation deutlich darzustellen sind (III, 2); bei U. suaveolens sind dieselben etwas flacher, bei den Aecidien genauer kugelförmig, ihre Gröfse ist bei diesen geringer (durchschnittlich $\frac{1}{12}$ Linie im Durchmesser) als bei jener und bei den Roestelien, bei welchen auch die Gebilde, die in ihrem Innern gefunden werden, stärker sind. Dieselben bestehen aus zarten, einfachen, ungegliederten Fadenenden, etwa von der halben Dicke der Myceliumshyphen ($\frac{1}{1000}$''' bei den meisten Aecidien), welche sich aus dem Pilzstroma in ungeheurer Menge und dicht aneinandergedrängt erheben, anfangs nach der Mitte der Kugel, welche das Spermogonium darsellt (V, 1), später mehr und mehr nach der Oeffnung desselben convergirend (III, 1; V, 2, 6). Durch lebhaftes Wachsthum in die Länge durchbrechen die der Oeffnung zunächst stehenden Fäden die Epidermis des Pflanzentheils, wel-

---

[1]) Comptes rendus de l'Acad. d. sc. séances du 24. et 31. Mars 1851 (t. XXXII). Ann. des sc. nat. 3. sér. t. XV.

[2]) Ann. des sc. nat. t. XVII (1852).

[3]) Welches übrigens keineswegs identisch ist mit Tubercularia persicina Ditmar (in Sturms D. Fl. III. Abth. Bd. 1, p. 99, tab. 49).

cher die Pilze trägt und ernährt, unter der sich die Spermogonien unmittelbar bilden; sie treten durch eine enge Spalte
derselben ins Freie, als ein Büschel, und mit ihren spitz zulaufenden Enden trichterförmig auseinander (V, 2, 6). Ihre Zellmembran ist zart, farblos, ihr Inhalt dagegen lebhaft gelbroth
gefärbt von einer entweder gleichmäfsig vertheilten, oder kleine
Tröpfchen bildenden Flüssigkeit. Gleiche oder (z. B. bei Aecidium Euphorbiae) hellere, oder selbst dunklere Färbung zeigen
die übrigen, im Innern des Spermogoniums liegenden Fäden; dieselben unterscheiden sich jedoch wesentlich dadurch, dafs sie an
ihrer Spitze zahlreiche kleine Körperchen abgliedern, welche, anfangs reihenweise verbunden, alsbald frei werden und sich in
der Mitte des Spermogoniums zu der oben erwähnten körnigen
Masse ansammeln (vgl. V, 3, 7). Sie sind oval, doppelt so lang
als breit[1]), und so zart, dafs sie einen von der Membran gesonderten Inhalt nicht erkennen lassen; wo sie in Menge angesammelt sind, zeigen sie eine röthlichgelbe Färbung, einzeln betrachtet, erscheinen sie dagegen farblos.   Durch fortwährendes
Abgliedern an der Spitze der stabförmigen geraden Fäden im
Innern des Spermogoniums vermehrt sich ihre Anzahl ins Ungeheure, und zugleich wird eine gallertartige Masse abgesondert,
in welcher sie eingebettet liegen.   Diese Gallerte quillt durch
Wasser auf, und es treten daher, sowohl unter dem Mikroskop
(vgl. V, 2), als auch nach Regenwetter in der freien Natur, die
Körperchen, gehüllt in dieselbe, aus der Oeffnung des Spermogoniums aus, zu einem zähen Klumpen vereinigt.   Durch weitere Einwirkung von Feuchtigkeit wird derselbe immer weicher
und zerfliefst schliefslich, auf dem Objectträger die Körperchen
in das umgebende Wasser, in der Natur auf der Oberfläche des
jedesmaligen Pflanzentheils rings um das Spermogonium verbreitend.   Im Wasser suspendirt zeigen nun diese die eigen-

---

[1]) Bei den meisten untersuchten Formen etwa $\frac{1}{500}'''$ lang, $\frac{1}{1000}$ breit.

thümliche, von Itzigsohn[1]) zuerst, dann von Bayrhoffer[2]),
Tulasne und Berkeley[3]) bei den ähnlichen Gebilden der
Flechten beschriebene Bewegung, bestehend in einem unregelmäfsigen Hin- und Herschwanken, Wackeln und Oscilliren,
»A sort of oscillating motion, as of a body attached at one
extremity«, wie Berkeley treffend schildert. Durch Einwirkung
von Jodlösung sah ich diese Bewegung aufhören, dagegen in Chlor-
calciumlösung einige Zeit fortdauern. Ihr Grund ist bis jetzt
nicht sicher zu ermitteln, indem schwingende Cilien, welche sonst
in der Regel als die nächste Ursache solcher Bewegungen erkennbar sind, hier in keiner Weise gefunden werden. Am liebsten mögte ich den Grund in endosmotische Einflüsse setzen,
welche ja auch wahrscheinlich die Bewegung der Cilien der
Algensporen, und so mittelbar das Herumschwärmen dieser bewirken[4]), denn ich sah stets die Bewegung erst nach der Zer-
streuung der Körperchen im Wasser eintreten, während sie ruhig
waren, so lange die Gallerte noch weniger durch diese Flüssigkeit verdünnt war. Aehnlich erklärt auch Bayrhoffer die
Bewegung der gleichen Gebilde bei den Flechten, welche er
auch bei schon seit 20 Jahren im Herbarium liegenden Exemplaren eintreten sah. Tulasne nennt sie Molekularbewegung
(mouvement brownien), allein dieser Ausdruck bezeichnet die tan-
zende Bewegung, welche ganz kleine — von Brown für Molecüle gehaltene — Körperchen der verschiedensten Beschaffenheit,
Glassplitterchen sowohl, als Körnchen, die im Zellsaft suspendirt
sind, in Flüssigkeiten zeigen, und kann defshalb nicht auf die

[1]) Botan. Zeitg. 1850, 52. Stück. Von Rabenhorst bestätigt, ibid. 1851, 8. Stück.
[2]) Einiges über die Lichenen und deren Befruchtung. Bern 1851.
[3]) Berkeley and Broome, On some facts, tending to show the conver-
sion of Asci into spores, etc. Hooker's Journal of Botany and Kew Garden
misc. t. III (1851), p, 319.
[4]) vgl. Pringsheim, Entwicklung der Achlya prolifera. Nova Acta Ac.
C. L. N. C. Vol. XXIII, pars I, p. 437.

hier in Rede stehenden Gebilde angewandt werden, weil die Art
und Weise der Bewegung eine andere, die Gröfse der bewegten
Körper aber eine zwar absolut geringe, dennoch aber bedeutendere ist, als die derjenigen, welche die Brown'sche Bewegung
zu zeigen pflegen.

Von einer thierischen Bewegung hier reden, kann nur der,
welcher Alles, was sich bewegt, für ein Thier hält; Gründe
dafür liegen entschieden keine vor.

Vergleicht man den eben geschilderten Bau der Spermogonien der Aecidien mit dem, welchen Tulasne bei denen
der Flechten so schön und ausführlich nachgewiesen hat, so
zeigt sich zwischen beiden grofse Aehnlichkeit, besonders zwischen denen von *Lichina*, *Urceolaria*, *Peltigera*, *Pertusaria*
und der Aecidineen. Ebenso stimmen beiderlei Gebilde in dem
Punkt überein, dafs sie stets vor der Entwicklung der Sporen
erscheinen. Sie sind daher ohne Zweifel mit dem gleichen Namen zu belegen, und zwar sowohl das ganze Organ, als seine
einzelnen Theile. Ich bezeichne daher die Körperchen, welche
sich in den Spermogonien von den Fäden abgliedern, mit Tulasne als *Spermatia*, ihre Träger und Erzeuger als *Sterigmata*.
Die sterilen Fäden, welche um die Mündung des Spermogoniums
stehen, und bei den Flechten nicht vorkommen, nenne ich wiederum *Paraphysen*, ein Name, auf den ich defshalb so viel Werth
lege, weil er eben nichts weiter bezeichnet, als Fäden, welche
in einem Fortpflanzungszellen erzeugenden Organ vorkommen,
ohne sich bei dieser Erzeugung direkt zu betheiligen.

Der Name Antheridien, welcher den Spermogonien der
Flechten zuerst durch Itzigsohn beigelegt wurde, ist schon an
die Gebilde der Farrn und Moose vergeben, welche die Samenfäden derselben erzeugen, und wegen der Verschiedenheit dieser
von den beschriebenen Organen bei Pilzen und Flechten ein neuer
Name für letztere zweckmäfsig. Für die Spermatien gebraucht
Itzigsohn den Ausdruck Spermatozoen, welcher, abgesehen von
seiner Unzweckmäfsigkeit überhaupt, hier jedenfalls übereilt an-

gewendet wurde, ebenso, wie Bayrhoffers Name Androsporen,
der schon jedenfalls aus Prioritätsrücksichten dem von Tulasne
angewendeten nachzusetzen ist; denn die befruchtenden Functionen, welche diese Benennungen den Spermatien zuschreiben,
sind noch nicht erwiesen.

Kehren wir nun wieder zu den Spermogonien unserer Pilze
zurück. Nach Entleerung der Spermatien, welche, wie gezeigt
wurde, in der Natur stets durch das Aufquellen der umhüllenden Gallerte bei Einwirkung von Wasser erfolgt, gehen dieselben zu Grunde; ihre lebhaft gelbrothe Farbe geht in ein
schmutziges Braun über, die Paraphysen entfärben sich zuweilen
vollständig, alle Theile kleben und schrumpfen zusammen, und
bilden zuletzt eine schmutzig schwarzbraune Masse, welche kaum
etwas anderes, als die äufsern Umrisse des Spermogoniums an
sich erkennen läfst. Die Paraphysen verkleben entweder über
der Epidermis des sie tragenden Pflanzentheils zu einem unregelmäfsigen Kegel, oder werden abgestofsen.

Die Spermatien selbst zerfallen ebenfalls; die um die Spermogonien verbreitete zähe Flüssigkeit, in der sie noch längere
Zeit unversehrt bleiben, zeigt allmählich immer kleinere Frag-
mente derselben, zuletzt unzählige feine Molecüle, in lebhaft tan-
zender Bewegung. Endlich trocknet auch diese Masse ein, und
bildet dadurch, wo viele Spermogonien gesellig wuchsen, häufig
eine braune, homogene Kruste auf der betreffenden Epidermis,
zwischen jenen.

Reagentien, auf lebensfrische Spermogonien angewandt, weisen
einen sehr bedeutenden Gehalt an Proteinstoffen nach; sie färben
sich durch Zucker und Schwefelsäure durch und durch lebhaft
purpurroth, und werden dabei dergestalt erweicht, dafs es nicht
zu entscheiden war, ob auch etwa stickstofffreie Membranen
vorkommen. Aetzkalilösung bewirkte ebenfalls ein totales Verschwinden der Umrisse von Spermatien, Sterigmen und Paraphysen.

Bei den Spermogonien von *Physonema gyrosum* Lév. fand
ich keine Paraphysen, sonst jedoch ihren Bau wie bei den be-

schriebenen Formen, nur waren sie mehr flach, linsenförmig. Ob die Paraphysen hier stets fehlen, konnte ich nicht entscheiden, da ich lauter alte Exemplare fand, an denen die Spermogonien schon eingetrocknet und die Sporenbildung so weit vorgeschritten war, daß ich auch darüber keine sicheren Resultate erlangen konnte, ob die Sporen hier wirklich anders gebildet werden, als bei Epitea, wie dies Léveillé behauptet.

Bekanntlich kommen die Sporenlager der hier in Rede stehenden Pilze theils unregelmäßig über die Oberfläche des jedesmaligen Pflanzentheils zerstreut (z. B. *Aecidium Euphorbiae, Falcariae, leucospermum, Uredo suaveolens*), theils in mehr oder minder circumscripten, regelmäßigen Gruppen vor, Flecke auf den Pflanzen bildend (die meisten *Aecidien, Roestelien, Uredo gyrosa*). Ganz ebenso wie die Sporenlager einer jeden Art, treten auch ihre Spermogonien auf, ebenso wie jene entwickeln sie sich nicht alle gleichzeitig, sondern nach einander, und zwar oft so, daß die jüngern rings um die ältern entstehen, was auf eine centrifugale Verbreitung des Myceliums, aus dem sie sich bilden, schliefsen läfst. Da die Sporenlager später entstehen, als die Spermogonien, so sind sie sehr häufig, wenn sie mit denselben aus der gleichen Blattfläche vorbrechen, kreisförmig um diese angeordnet (V, 8), z. B. bei *Aecidium Grossulariae, Uredo gyrosa*. Es kommt jedoch nicht selten vor, daß ein Hervorbrechen auf ein und derselben Blattfläche nicht stattfindet; alsdann kommen die Spermogonien stets an der oberen, die Sporenlager an der unteren zum Vorschein. Beständig tritt dies ein bei *Roestelia cancellata* auf den Blättern von *Pyrus, R. cornuta* auf *Sorbus, Aecidium leucospermum* auf *Anemone nemorosa*, also sowohl bei truppweise, als bei zerstreut wachsenden Formen. In der Mehrzahl der Fälle aber sind alle diese Differenzen in der Anordnung von beiderlei Gebilden nichts weniger als constant, und es kann als Regel nur angegeben werden, daß die Sporenlager vorzugsweise auf den untern Blattflächen, die Spermogonien häufig zahlreicher auf den obern erscheinen,

und dafs, wo beiderlei Organe in ein und derselben Gruppe
auf gleicher Fläche vorbrechen, eine kreisförmige Anordnung
der Sporenlager um letztgenannte Gebilde in den meisten Fällen
gefunden wird. Im Uebrigen stehen Spermogonien und Sporenlager unregelmäfsig durcheinander.

Die Bildung der Sporenlager selbst erfolgt aus ganz demselben Mycelium, wie die der Spermogonien, wovon ich mich
in vielen Fällen deutlich überzeugt habe (vergl. V, 4). Sie ist
bei den verschiedenen hierher gehörigen Formen sehr verschieden
und daher bei den einzelnen speciell zu betrachten.

Die Sporenlager von *Uredo suaveolens* Pers. stimmen mit
denen der Trichobasisarten vollkommen überein, und sind schon
oben beschrieben worden (vergl. p. 30 tab. III, 3). Die der
Uredo gyrosa Rebent. sind von schlauchförmigen, keuligen
Paraphysen in der Art umringt, wie es oben bei Epitea Ruborum angegeben wurde; sie stehen in einem Kreis um die
Spermogonien angeordnet. Ob ihre Sporenbildung von der der
Epiteen verschieden ist, machte mir das vorgerückte Alter meiner
Exemplare zu entscheiden unmöglich. Dasselbe mufs ich von
Uredo Orchidis bekennen, deren Sporenbildung in der Art
vor sich zu gehen scheint, wie bei Coleosporium; wenigstens
fand ich reihenweise concatenirte Sporen frei, ohne Paraphysen,
auf dem Stroma sitzend, und eine Art Membran an der durchbrochenen Epidermis haftend, welche der bei Coleosporium durch
die zusammenhängenden Schlauchspitzen in der beschriebenen
Weise gebildeten vollkommen gleich sah.

Aecidium.

Der Begründer dieser Gattung, Persoon[1]), stellt dieselbe,
zusammen mit Uredo und Puccinia, in die dritte Ordnung (*Dermatocarpi*) seiner Classis prima (*Angiocarpi*), an die Seite von
Licea, Tubulina, Onygena u. s. w. und charakterisirt sie durch

---

[1]) Syn. meth. fung. (1801).

»Peridia aggregata, teretia, sub foliorum epidermide erumpentia.«
Die Peridia unterscheiden sie von Uredo; über die Sporenbildung
wird nichts gesagt.

Persoon's Peridium erklärte bald L i n k ¹) für ein Product
der Epidermis des betreffenden Pflanzentheils, und setzte daher
die Aecidien unter seine Gattung *Caeoma* (später *Hypodermium*
genannt), als Unterabtheilung. Ihm sind in der nächstfolgenden
Zeit viele Autoren gefolgt²). Auch F r i e s nimmt im Systema
mycologicum (III, 511) Links Ansicht als richtig an, wenn er
auch die Persoon'sche Nomenclatur wieder aufbringt. Rich-
tigere Ansichten spricht zuerst R u d o l p h i ³) aus, bis endlich
U n g e r's schöne Untersuchungen genauere Auskunft gaben über
die Bildung des »Peridium« als eines dem Pilz selbst und nicht
der Nährpflanze angehörigen Theils, und über die reihenweise
Entstehung der Sporen innerhalb desselben ⁴). Doch konnte
Unger das Mycelium dieser Pilze nicht erkennen, da er überall
geronnenen Pflanzensaft als Matrix zu sehen glaubte, und dieses
blieb daher L é v e i l l é zu entdecken vorbehalten, welcher des
Peridiums halber aus den Aecidien eine eigene Familie bildete⁵).
Gleichzeitig kam C o r d a zu denselben Resultaten, wie L é v e i l l é,
zu weit genauern jedoch in Betreff der Sporenbildung, und
lieferte die erste vollständige Abbildung⁶). C o r d a's Beobachtungen
wurden durch M e y e n ⁷) bestätigt und seine Ansicht, dafs die
Aecidien zu den Gasteromyceten gehören, gutgeheifsen, ebenso

---

¹) Observationes in ordines plantarum naturales. Diss. I et II. Mag.
nat. Fr. zu Berlin 1809, 1816. Linn. Spec. plant. cur. Willd. cont. Link
t. VI, pars I. 1824.
²) Schlechtendal, flora berolin. Id. Linnaea vol. I. Sprengel, Systema
vegetab. vol. IV. Wallroth, flor. crypt. Germ. (1833).
³) Linnaea 1829.
⁴) Unger l. c. p. 297, tab. IV.
⁵) Léveillé, Rech. sur le développement des Urédinées, Ann. sc. nat.
2. série t. XI (1839).
⁶) Icon. fung. t. III tab. III f. 45. Aecidium Tussilaginis Pers. (1839).
⁷) Pflanzenpath. p. 148—150.

stimmt die Darstellung, welche die Herren Tulasne¹) geben, mit Corda's im Wesentlichen überein; Bonorden's neueste Angaben können nicht als ein Fortschritt in der Kenntnifs dieser Gebilde bezeichnet werden ²).

Nachdem eine Anzahl von Spermogonien in der oben beschriebenen Weise entwickelt, gereift und ihre Spermatien entleert sind, tritt das Mycelium, aus welchem diese entstanden und welches noch einige Zeit lang neue entstehen läfst, von neuem zu kugeligen Körpern zusammen, indem sich seine Fäden zu einem so dicht verfilzten Gewebe vereinigen, dafs sie nur durch Präparation mit der Nadel erkennbar werden (V, 4 b). Die Bildung dieser Körper, die einstweilen *Perithecia* genannt werden mögen, erfolgt meist im Innern des Blattdiachyms, nicht unmittelbar unter der Epidermis; sie sind farblos, und die Pilzfäden, welche sie zusammensetzen, führen einen dicht körnigen Inhalt, dessen chemische Reaction sehr bedeutenden Proteingehalt anzeigt.

Indem sich diese Kugel nun durch Vermehrung der Pilzfäden, welche an ihrer Bildung Theil nehmen, nach allen Seiten hin vergröfsert, erscheint alsbald in ihrem Innern, an dem von der nächstliegenden Epidermis am meisten entfernten, als Grund zu bezeichnenden Theile, ein Körper, welcher rasch nach allen Seiten mit dem umgebenden Perithecium sich vergröfsert, und alsbald als aus sehr zahlreichen, freien Fadenenden bestehend erkennen läfst, welche, allesammt von einer zelligen Membran umhüllt, mit dieser in das Innere des kugeligen Perithecium hinein, in gerader Richtung auf seinen der überziehenden Epidermis zunächst liegenden Scheitel los wachsen (VI, 1, vgl. auch t. VIII, 1). Diese Fäden sind anfangs sehr zart, aufserordentlich dicht aneinander gedrängt, und jeder zeigt in seinem Innern eine Reihe von kurzen, farblosen, rundlichen jungen Zellen, deren allererste Bildung mir zu

¹) Ann. des sc. nat. 1847, p. 45.
²) l. c. p. 52.

5*

beobachten unmöglich war. Die obersten Zellen einer jeden
Reihe sind stets die gröfsten, sie zeigen zuerst die Veränderungen ihrer Membran und ihres Inhalts, welche sie als Sporen
erkennen läfst; die untern sind stets je kleiner, je näher sie dem
Grunde des Perithecium liegen, und manifestiren sich daher als
jünger; ihre Bildung scheint zu geschehen, sobald der sie enthaltende Fadentheil sich über den Grund des Perithecium erhebt.

Alle diese, als Sporangien zu bezeichnenden, Fäden oder
Schläuche scheinen gleichzeitig zu entstehen, wenigstens finden
sich alle in einem Perithecium enthaltenen stets gleich entwickelt.
Ihre Entwicklung besteht theils in dem Wachsthum der jungen
Sporen, theils darin, dafs sich unten, im Grunde des Sporangiums, eine Zeit lang noch neue Sporen erzeugen, welche beiden Momente eine beträchtliche Ausdehnung der ganzen Sporangienmasse und des ganzen Perithecium zur Folge hat. Zugleich
vergröfsert sich auch die jene unmittelbar umgebende, mit ihnen
in das Perithecium hineingewachsene Membran, Persoon's Peridie.
Dieselbe besteht, wie die Sporangien, ebenfalls aus Zellreihen
(VII, 2 p; VI, 4), welche, in einem einfachen Kreis dicht um die
Sporenreihen stehend, sich durch beständiges Nachwachsen junger Zellen vom Grund des Perithecium, in gleichem Schritt mit
diesen verlängern, während die älteren Zellen sich in demselben
Verhältnifs ausdehnen. Die Zellreihen, welche die Hülle zusammensetzen, sind jedoch durch eine Intercellularsubstanz fest
mit einander verbunden, oben kuppelförmig zusammengeneigt,
ihre Endzellen zwischeneinander geschoben, und stellen so eine
Art Glocke über den Sporenreihen dar. Durch gegenseitigen
und von der Sporangienmasse aus stattfindenden Druck werden
die anfangs kugeligen oder eiförmigen Zellen dieser Umhüllung
mehr oder minder polygonal, und können sich unregelmäfsig
zwischeneinander schieben (VII, 2, b), doch behalten sie auch nicht
selten ihre ursprüngliche Form und Anordnung fast unverändert
bis zur völligen Reife bei (VI, 4). Das gemeinsame Wachsthum
der Sporenreihen und ihrer Hülle, welche zusammen als *Hymenium*

zu bezeichnen sind, in die Länge und Dicke, von dem Grunde
des Peritheciums als festem Punkt ausgehend, hat schon sehr
frühe eine bedeutende Compression aller übrigen Theile desselben, und bald eine Durchbrechung, ein allmähliches Auseinander-
drängen der Gewebstheile seines Scheitels zur Folge. Es stellt
daher zuletzt ein schüssel- oder napfförmiges Receptaculum dar,
um den untern Theil des, als mehr oder minder hoher, oben
zugerundeter Cylinder, aus ihm herausgewachsenen Hymenium.
Zuletzt liegt dieses unmittelbar unter der Epidermis des jedesmaligen Pflanzentheils, durchbricht diese endlich, und tritt je
nach der Species, mehr oder minder weit über dieselbe hervor;
die Endglieder der die Hülle bildenden Zellreihen trennen sich
ebenfalls von einander, und diese reifst in Lappen auf, die Sporenreihen an der Spitze freilegend, an den Seiten noch umgebend, als ein tieferes oder flacheres Schüsselchen, mit gezacktem
Rande, und das ebenfalls schüsselförmig erweiterte Perithecium
ausfüllend (VII, 1, VI, 2).

Die Sporen erscheinen in der Jugend als kleine, zart contourirte, mit farblosem, körnigem Protoplasma erfüllte Zellen,
von der ebenfalls zarten Membran ihrer Mutterzelle eng umschlossen, und ihr Lumen fast ausfüllend (VI, 3). Sie nehmen jedoch bald beträchtlich an Gröfse zu, umkleiden sich mit
einer derben Membran, und dehnen die Mutterzellhaut, die sie
überzieht, dergestalt aus, dafs sie nur noch dadurch kenntlich
ist, dafs sie, sich zwischen je zweien mehr und mehr ein-
schnürend, die Sporen rosenkranzartig vereinigt. Der anfangs
farblose Inhalt der letzteren nimmt (aufser bei Aecidium leucospermum bei allen von mir untersuchten Arten) alsbald eine
mehr oder minder intensiv gelbrothe Farbe an, welche sich in
der Spore derart vertheilt, dafs sie hauptsächlich der centrale
Theil derselben zeigt, während der peripherische fast farblos
erscheint. Die Sporen gleichen im reifen Zustand vollkommen
denen der meisten Uredineen; auch zeigt ihr Inhalt dasselbe
chemische Verhalten. Ihre Membran ist farblos und in der Regel

von einer zarten, rauhen Cuticula überzogen. Die Form der Sporen ist ursprünglich kugelig, wird jedoch häufig, durch gegenseitigen Druck, unregelmäfsig polygonal (z. B. VI, 3, VII, 1). Ihre Gröfse schwankt bei allen von mir untersuchten Arten zwischen $\frac{1}{90}'''$ und $\frac{1}{160}'''$, und zwar pflegen diese Schwankungen bei reifen Sporen ein und derselben Art vorzukommen. Im untern Theil einer Reihe findet häufig noch dann Bildung junger Sporen statt, wenn die obersten schon reif sind; zuletzt jedoch tritt ein Stillstand ein, und die Thätigkeit der Basaltheile der Sporenschläuche beschränkt sich darauf, dafs sie noch um ein geringes selbst wachsen, und so als *Stützschläuche, Basidia, Asci suffultorii*, die Sporenreihen, die sie erzeugt, tragen (VI, 2; VII, 1). Diese selbst zerfallen entweder rasch, indem die Sporen sich mit ihrer Reife abschnüren, so dafs die Becherchen bald meist loses Sporenpulver und nur noch ganz kurze Sporenreihen (VI, 2) enthalten, oder sie bleiben auch noch nach der Sporenreife bestehen, wahrscheinlich durch hier etwas festere Sporangiums-Membranen zusammengehalten (z. B. Aec. Grossulariae, VII, 1), so dafs die Becherchen zuletzt Reihen durchweg reifer Sporen zeigen; aber selbst im letzteren Fall brechen so leicht bei der Präparation Sporen von ihrer Verbindung los, dafs es unmöglich ist, zu bestimmen, wie viel ihrer in einer Reihe entstehen.

Ganz ähnliche Veränderungen, wie die Sporen, und in derselben Reihenfolge von oben nach unten, machen auch die reihenweise verbundenen Zellen durch, welche die Hülle um sie bilden. Neben ihrer beträchtlichen Ausdehnung verdickt sich besonders ihre Membran, und bedeckt sich zugleich mit einer unebenen Cuticula, welche sie warzig-stachelig aussehen macht (VI, 2 p, 4; VII, 1, 2) und meist beträchtlich dicker ist, als die der Sporen. Ihr Inhalt ist dabei weit spärlicher, als der der Sporen, und besteht oft aus nur sehr wenigen röthlichen Körnchen; die Hüllen erscheinen daher entweder hellrothgelb oder farblos. Die Cuticula dieser Zellen so wie der Sporen wird durch

Aetzkali zerstört; die Zellmembran durch Jod und Schwefelsäure
braungelb gefärbt. Allmählich lösen sich die einzelnen Zellen
der Hülle auch mehr und mehr von einander los, vertrocknen
und schrumpfen, und so erfolgt endlich auch ein Zerfallen dieser;
doch tritt dies stets später ein, als das der Sporenketten. Das
Perithecium endlich, welches mit zunehmender Reife des Hymeniums immer fester, in seiner Zusammensetzung immer undeutlicher wird, häufig eine rothe oder bräunliche Farbe annimmt,
als ob es förmlich verholzte, bleibt, ohne weitere Veränderungen zu zeigen, in dem betreffenden Pflanzentheil sitzen, um
mit diesem zu Grunde zu gehen; ebenso das Mycelium dieser Pilze.

Höchst charakteristisch ist für die Aecidien die continuirlich
von unten erfolgende Bildung neuer Sporen, das beträchtliche
Anwachsen der Sporenketten in die Länge. Will man den hier
stattfindenden Vorgang einem andern vergleichen, so werden die
Schläuche, welche die Sporen erzeugen und schliefslich abschnüren, als *Basidien* zu bezeichnen sein, von den gewöhnlich so
genannten Gebilden nur dadurch verschieden, dafs ihre bildende
Thätigkeit nicht mit einer Spore zu Ende ist, sondern nacheinander eine ganze Reihe producirt.

Die Hülle, welche die Masse der Sporenreihen unmittelbar
umgibt, ist, nicht nur weil sie mit jenen gleichzeitig entsteht
und gleichmäfsig wächst, sondern auch weil sie aus ganz ähnlichen, durch Apposition von unten wachsenden Zellreihen besteht, als ein Theil des Hymeniums zu betrachten, als ein ver-
einigter äufserster Kreis von ähnlichen Gebilden wie die Basidien,
welche jedoch gesetzmäfsig hier keine Sporen entwickeln, sondern steril bleiben, und in eigenthümlicher Weise, wie gezeigt
wurde, sich verändern. Aehnliches haben wir bei den Sporenlagern von Epitea Ruborum, Rosarum gesehen, wo auch veränderte Schlauchenden, Paraphysen, rings um die sporenbildenden
Basidien gestellt sind. Man sieht aus dieser Entwicklung deut-

lich, dafs Fries vollkommen Recht hat, wenn er bis auf die neueste Zeit[1]) den Namen Peridium für diese Hülle verwirft, welche bei den Gasteromyceten einen aus Pilzhyphen gebildeten Pilzkörper bezeichnet, der in seinem Innern verschiedentlich Sporenlager bildet. Wenn es erlaubt ist, hier einen neuen Namen vorzuschlagen, so mögte *Paraphysenhülle* der bezeichnendste sein, denn es ist ein Kreis verbundener, paraphysenartiger Zellreihen, dem Hymenium selbst angehörig, der sie bildet.

Eher schon würde das anfangs ringsum geschlossene, kugelige, später napfförmig offene Gebilde, welches *Perithecium* genannt wurde, seiner Bildung nach den Namen *Peridium* führen können. Jener wurde jedoch vorgezogen, weil die Aecidien gewissen Pyrenomyceten, Phyllostictei Fries[2]), sehr nahe zu stehen scheinen, und der Pilzkörper, in welchem sich bei diesen das Hymenium bildet, Perithecium genannt wird. Die Peridien der Gasteromyceten (excl. Myxomycetibus) und die Perithecien der Pyrenomyceten scheinen, ihrer ursprünglichen Bildung nach, übrigens ganz gleich zu sein, so dafs erst in späterem Alter eintretende Veränderungen, so wie die verschiedene Entwicklungsweise der Hymenien in ihrem Innern eine Unterscheidung rechtfertigen, und man leicht in Zweifel kommen kann, welchen der beiden Namen man einem Gebilde derart geben soll, wo es, wie hier, gleichsam nur rudimentär auftritt.

Mit Aecidium ist die Gattung *Peridermium* Link sehr nahe verwandt, was die Bildung der Sporen und ihrer Hülle betrifft; zu genauerer Untersuchung der Entwicklungsgeschichte hat mir leider bis jetzt das Material gefehlt.

---

[1]) »Loci angustiae vetat plenius exponere, quare adhuc, ut in Syst. Myc. *pseudoperidium*, tapetio Todei inter Pyrenomycetes v. c. Isotheae analogum, pro vero peridio non agnoscam«. Fries, Summa veget. Scand. p. II, pag. 510. Ob dieses Tapetium gleiche Bildung und Entwicklung zeigt, wie die Hülle der Aecidien, kann ich nicht entscheiden.

[2]) Summa veget. Scand. p. II, p. 420.

Roestelia. Rebentisch.[1])

Ueber die Sporenbildung der Roestelien sind mir keine Angaben früherer Beobachter bekannt; die Kenntnifs ihrer Pseudoperidien und Spermogonien hält mit der der ähnlichen Gebilde bei den Aecidien gleichen Schritt; doch spricht Bonorden deutlich aus, dafs bei Roestelia die äufsersten Sporenketten obsolet, dicker werden und verholzen und so das »Peridium« bilden.

Rebentisch gründete seine Gattung auf das Merkmal der Zertheilung der Hülle in feine, oben verbundene Fasern, welches sich bei dem bekannten Aecidium cancellatum Pers. findet; Fries[2]) dagegen rechnet alle Aecidien der ältern Autoren hierher, welche auf Pomaceen vorkommen, und welche andere Autoren in neue Genera, wie *Ciglis, Centridium*[3]), *Ceratitium*[4]) vertheilt haben. Die beiden Arten, welche ich untersuchte, *R. cancellata* Rebent. und *R. cornuta* Fr. zeigen nur Unterschiede in der Bildung, welche das Pseudoperidium zuletzt annimmt, und welche mir daher zu geringfügig zur generischen Trennung scheinen; doch bleibt die Beibehaltung oder Verwerfung einer solchen am besten dem Gutdünken eines Jeden überlassen.

Meist schon zu Anfang Juni zeigen gelbe Flecke auf den Blättern und andern grünen Theilen der Birn- und Ebereschenbäume das Auftreten der Roestelien an, wie den Botanikern und Obstzüchtern schon seit langer Zeit bekannt ist. In diesen gelben Flecken sieht man rothe Punkte, und zwar, wo sie auf Blättern vorkommen, nur auf der obern Fläche dieser; dieselben sind durch die Spermogonien veranlafst, deren Bau hier derselbe, wie bei den Aecidien, nur dafs ihre Gröfse etwas beträchtlicher ist. Die Flecke auf den Blättern nehmen in centrifugaler Rich-

[1]) Florae Neomarch. Prodr. p. 305.
[2]) S. veg. Scand. P. II, p. 510.
[3]) Chevallier, sec. Fries l. c.
[4]) Rabenhorst, in Bot. Zeitung 1851, p. 451.

tung an Gröfse zu, ihre Farbe wird nach und nach dunkler,
zuletzt lebhaft roth, während zugleich immer mehr Spermogonien auf ihnen durch die Epidermis hervorbrechen, und zwar
auch in der Ordnung, dafs die ältesten stets in der Mitte, die
jüngsten am Rande des Flecks stehen. Sie sitzen auf einem
zarten Mycelium, von verzweigten, körnigen, röthlichen Inhalt
führenden Fäden gebildet, welche zwischen den Zellen des Nährgewebes wuchern. Die Entleerung der Spermatien erfolgt in der
oben geschilderten Weise, und wenn sie bei einer Anzahl derselben stattgefunden hat und diese zu vertrocknen und braun
zu werden beginnen, verräth sich nach einiger Zeit eine Neubildung im Innern des betreffenden Gewebes durch eine leichte,
gleichmäfsige Anschwellung desselben.

Als nächste Ursache dieser Intumescenz gewahrt man eine
lebhafte Vermehrung der Zellen des Nährgewebes, eine fortdauernde Zweitheilung derselben. Das Chlorophyll in ihnen,
welches an den obern Blattflächen schon früher ein rothes Colorit angenommen hatte, verschwindet auch in den übrigen Theilen des Diachyms vollständig, und an seine Stelle treten alsbald
kleine, aber sehr zahlreiche Amylonkörner, die dem Gewebe auf
dem Durchschnitt eine weifse Farbe geben.

Zu gleicher Zeit nimmt man aber wahr, wie die Myceliumsfäden im Innern des Gewebes, anstatt Spermogonien zu bilden,
sich in der Nähe der früher entstandenen zu farblosen, kugeligen Körpern verfilzen (VIII, 1) und zwar so dicht, dafs man
sie nur durch Präparation einzeln erkennen kann (VIII, 2). Diese
Körper (Perithecien) liegen tief in dem hypertrophirten und immer
mehr anschwellenden Gewebe eingesenkt. In ihrem Innern zeigt
sich alsbald eine ähnliche Erhebung eines dichten, aufsen von
einer zelligen Hülle bekleideten Körpers, des Hymenium (VIII, 1),
wie bei den Aecidien, der sich alsbald in die Länge und Dicke
vergröfsert. Auf den Blättern, die ich in grofser Menge untersuchte, war sein Längswachsthum stets von dem der obern Blattfläche, auf der die Spermogonien safsen, zunächst liegenden Theil

(Grund) des Perithecium, in dem er sich bildete, nach der untern, die nie Spermogonien zeigte, gerichtet; wo Roestelia cornuta an Blattstielen von Sorbus aucuparia wuchs, waren sowohl die Spermogonien rings um diese zerstreut, als auch das Wachsthum der Hymenien nach allen möglichen Richtungen hin erfolgte. Die Art des Wachsthums der Hymenien, die Bildung der Hülle, als Vereinigung eines sterilen, äufsersten Kreises von Sporenreihen und ihre Verlängerung durch Ansatz neuer Zellen vom Grunde des Perithecium aus (VIII, 5) ist hier genau wie bei Aecidium. Dagegen zeigen die Sporenreihen hier die merkwürdige Eigenthümlichkeit, dafs immer eines ihrer Glieder zur Spore wird, das zweite dagegen steril bleibt, dann wieder eine Spore kommt und so fort (VIII, 3, 4). Die Glieder, in denen sich Sporen bilden, schwellen durch Ansammlung des Protoplasma kugelig an, dieses umgibt sich mit einer besondern Membran, welche mit dem Inhalt, den sie umkleidet, an Dicke zunimmt, so dafs die reife Spore eine derbhäutige, kugelige Zelle darstellt. Ihr Inhalt, anfangs farblos, körnig, nimmt zuletzt eine braune Färbung an; er wird durch Zucker und Schwefelsäure rosenroth gefärbt. Wie bei Aecidium finden sich hier die ältesten, entwickeltsten Sporen stets zu oberst, die jüngsten dem Grunde des Perithecium zunächst, von welchem aus die Sporenreihen auch hier eine Zeit lang durch Nachwachsen verlängert werden. Die sterilen Fadenstücke zwischen den Sporen sind von verschiedener, höchst unregelmäfsiger Länge; sie wachsen jedoch gewöhnlich auch etwas aus, so dafs die ältern obern Sporen einer Reihe in der Regel von längern Stielen, wenn so gesagt werden darf, getragen sind, als jüngere, unreifere, untere; die Stiele haben einen spärlichen Protoplasma-Inhalt. Mit der Reife schnüren sich die Sporen sammt den darunter befindlichen sterilen Stücken ab, und trennen sich in der Regel auch von diesen, welche bald zu Grunde gehen. Man findet daher, bei verhältnifsmäfsig noch jungen Sporenlagern, oben ein unzusammenhängendes Sporenpulver, frei auf die jugendlichern Theile der

Sporenreihen aufgestreut, und es ist, wegen dieses sehr früh-
zeitigen Zerfallens, hier noch weniger möglich, als bei den Aecidien, die Zahl der Sporen, welche in einer Reihe (Sporangium
oder Basidium) entstehen, zu bestimmen. Desgleichen bedingt die
Zartheit der sterilen Zwischenglieder gar leicht ein Zerbrechen
der Sporenreihen bei der Präparation, und man findet daher oft
kürzere und längere Reihen in einem Präparat, von denen es
nicht möglich ist zu entscheiden, ob ihre Ungleichheit Kunst-
produkt oder Folge ungleichzeitiger Entstehung ist. — Die Sporenbildung ist bei den zwei von mir untersuchten Arten, R. cancellata und R. cornuta völlig gleich, etwas verschieden dagegen
die Bildung ihrer Hülle.

Bei beiden entwickelt sich diese wie bei den Aecidien durch
Veränderung der Zellen des äufsersten Kreises von Sporenreihen.
Bei Roestelia cornuta (VIII, 5) schieben sich die Zellen, sobald
sie am Grunde des Peritheciums entstanden sind (a), unregelmäfsig zwischeneinander; ihr anfangs körniger Protoplasma-Inhalt verschwindet mehr und mehr, während sie sich bedeutend
ausdehnen, ihre Membran derb wird, und sich schliefslich mit
einer dicken, rauhen, wie aus perpendiculär auf der Axe der
rhomboidalen Zelle stehenden Lamellen gebildeten Cuticula bedeckt (VIII, 6), welche in Kalisolution bedeutend aufgequellt und
von der Zellmembran selbst getrennt wird. Querschnitte zeigen,
wie unregelmäfsig die Zellen zwischeneinander geschoben sind,
und wie ihre Membran und Cuticula da am dicksten ist, wo sie
die Sporenreihen berühren, also an der innern Seite (VIII, 7).
Die unregelmäfsige Anordnung der Zellen bedingt hier auch ein
unregelmäfsig-lappiges oder faseriges Aufspringen der reifen Hülle
an ihrer Spitze, indem sich die Zellen spontan von einander loslösen; daher das dem blofsen Auge grobwimperig scheinende
Aussehen der Oeffnung der reifen, cylindrischen Pseudoperidie.

Bei Roestelia cancellata dagegen bleiben die Zellreihen der
Hülle, mit Ausnahme ihrer obersten, unregelmäfsig polygonalen,
zu einer Kuppel vereinigten Glieder, regelmäfsig nebeneinander

angeordnet; sie bestehen zuletzt aus prismatischen, etwa 4—6 mal längern als breiten, mit schrägen Wänden auf einander gesetzten Zellen, deren Wandungen und Durchmesser weniger mächtig sind, als bei R. cornuta, während ihr Bau im Uebrigen der gleiche. Bei der Reife trennen sich die einzelnen Zellreihen von einander, nur an ihren Spitzen durch die zur Kuppel verbundenen Endzellen zusammengehalten, und stellen so ein aus Fasern gebildetes Gitterwerk dar, welches der Art ihren Namen erworben hat. Erst später fallen die obersten Zellen auseinander, lassen die Zellreihen mit ihren Spitzen frei werden, und strahlig auseinander fahren, bis auch sie schliefslich zerfallen und zu Grunde gehen. Wie bei den Aecidien durchwächst die Sporenhülle, indem sie sich durch Neubildung von Zellen am Grunde, Ausdehnung und Verdickung der früher gebildeten vergröfsert, als oben zugerundeter Cylinder das anfangs sie rings umgebende Perithecium, und das hypertrophirte Blattgewebe über dessen Scheitel, bis sie zuletzt die Epidermis durchbricht, und noch ein beträchtliches Stück über die Fläche dieser hinauswächst, so dafs nur ihr kleinster, unterer Theil bei der Reife in dem Blattparenchym sitzen bleibt, bei weitem der gröfsere dagegen ins Freie ragt. Die Sporangien nehmen an dieser Durchwachsung wenig Theil, da ihre oberen Glieder, sobald sie reif sind, abfallen. Nur die untere Partie, der Grund der reifen Hüllen zeigt sich daher von dem braunen Sporenpulver angefüllt. Das Perithecium hat auch ferner ganz dieselben Schicksale wie bei den Aecidien; seine Fäden werden bald undeutlich, fest mit einander verbunden, und verholzen, wie es scheint, so dafs es zuletzt ein rothbraunes Schüsselchen darstellt, in welchem die Hülle sitzt, und welches selbst den wulstigen Erhebungen des hypertrophirten Blattparenchyms eingesenkt ist, die sich während des Wachsthums der Sporenlager um jedes einzelne bilden, und von den Autoren den Namen eines Pseudostroma erhalten haben.

Nachdem gezeigt wurde, wie die Spermogonien der hier
behandelten Pilze mit denen der Flechten, wie sie Tulasne a. a. O.
beschrieben, in den wesentlichen Punkten ihres Baues und Le-
bens übereinstimmen, und wie ihnen verschiedentliche Sporenlager, aus ein und demselben Mycelium entstanden, nachfolgen,
ist noch die schwierige Frage zu besprechen, in welcher Beziehung beiderlei Produkte dieser Pilzmycelien zu einander stehen.

Die erste Ansicht, welche hierüber von Schleiden[1]) geltend gemacht wird, dafs nämlich beiderlei Gebilde bei den Aecidien differente, nur gesellig auftretende »Exantheme« seien, wird
durch direkte Beobachtung vollständig beseitigt. Ihre Entstehung
aus ein und demselben Mycelium, die Beständigkeit ihres gemeinschaftlichen Auftretens und ihrer Succession setzen aufser
allen Zweifel, dafs sie zweierlei Organe ein und derselben Pflanze
sind — keinenfalls Exantheme. — Meyen (l. c.) hält die Spermogonien für männliche Organe, bei denen jedoch von einer
Befruchtung keine Rede sein könne — eine etwas unklare Ansicht. Nicht ganz von der Hand zu weisen ist dagegen die Annahme, zu der Berkeley und Broome geneigt sind, dafs
nämlich die Spermatien eine zweite Art von Sporen seien, bei
den Gewächsen, welche sie produciren. Das Vorkommen ganz
verschiedenartiger Sporen, beweglicher und ruhender, bei einer
grofsen Anzahl von Algen, und der von Tulasne bei manchen
Lichenen neben den Spermogonien und Sporenschläuche bildenden Fruchtlagern gefundenen Stylosporen sind sicher nachgewie-
sene Analogien, auf die sich die Vertheidiger dieser Ansicht
stützen können. Es scheint mir daher nicht gerechtfertigt, der
dritten, von Tulasne, Itzigsohn und Bayrhoffer hier geltend gemachten Ansicht unbedingt beizupflichten, dafs jene in
den Spermogonien erzeugten Spermatien befruchtende Organe
seien, wenn es auch noch so sehr ausgemacht ist, dafs sie stets
Vorläufer der Sporenbildung sind, und der Keimfähigkeit ent-

[1]) Grundz. d. wiss. Bot. 3. Ausg. II, p. 41.

behren. Als befruchtende Organe können sie nur dann angesehen werden, wenn Versuche entschieden haben, dafs sie nicht
nur die Vorläufer, sondern die conditio sine qua non der Sporenbildung sind. Denn mit der Annahme einer Befruchtung mufs
man, meines Erachtens, um so vorsichtiger sein, als uns das eigentliche Wesen derselben sowohl bei Thieren, als bei Pflanzen noch
völlig unbekannt ist, als wir dieselbe nur aus ihren Resultaten
kennen, als ein nothwendiges Zusammenwirken zweier ungleich-
werthiger Organe zur Erzeugung eines vollkommen entwicklungsfähigen Keims. Wie diese zusammenwirken, weifs man nicht,
und die Facta, welche bei Thieren und Pflanzen für eine Befruchtung bis jetzt Beweiskraft haben können, sind nur derart,
dafs sie zeigen, dafs wo die beiden ungleichwerthigen Gebilde,
das Männliche und das Weibliche nicht in Wechselwirkung treten, auch keine entwicklungsfähigen Keime producirt werden,
und umgekehrt.

Solche Beweise sind nun bei den Thieren und Pflanzen
vielfach geführt worden, und in Fällen wo direkte Versuche
nicht möglich sind, hat man mit Recht aus der Uebereinstimmung der Bildung von zweierlei Organen mit solchen,
welche bei andern, verwandten Formen als männliche und
weibliche erkannt wurden, auf eine gleiche Bedeutung derselben geschlossen. Erfahrungen und Versuche haben gezeigt, dafs
die Gegenwart der sogenannten kleinen Sporen der Selaginellen,
Isoëten und Rhizocarpeen, und die Entwicklung der Samenfäden
in ihnen unerläfslich ist zur Entwicklung einer Keimpflanze in
den Archegonien, welche sich auf dem Vorkeim, der aus den
sogenannten grofsen Sporen entsteht, finden. Wenn man nun
auf dem Prothallium der Farrnkräuter stets ganz ähnliche Samenfäden entstehen sah, und stets nach ihrer Entwicklung in ganz
ähnlichen Archegonien auf dieselbe Weise wie bei den Rhizocarpeen eine junge Pflanze aus einer Keimzelle entstand, so war
die Analogie hier zu evident, als dafs die Berechtigung streitig

zu machen wäre, den Archegonien der Farrn gleiche Eigenschaften
wie denen der Rhizocarpeen und Selaginellen, als weibliche, den
Antheridien jener gleiche Qualität wie den kleinen Sporen dieser,
als befruchtende Organe zuzuschreiben.

Bei unsern Pilzen aber, und den Flechten läfst uns die
Analogie gänzlich im Stich. Wenn Itzigsohn seine Spermatozoen von Borrera ciliaris, nach Maceration in Wasser, in Gestalt
und Bewegung ähnlich den Samenfäden der Moose u. s. w. fand,
so ist dagegen zu bemerken, dafs diese Flechte nicht im Wasser
zu leben pflegt, und daher die Erscheinungen, welche sie in
diesem Medium zeigt, mindestens Kunstprodukte sind, wenn hier
nicht überhaupt Täuschungen im Spiele sind. Allein selbst wenn
die Lichenen Samenfäden producirten wie andere Cryptogamen,
so wäre doch nicht eher an eine Wahrscheinlichkeit gleicher
Funktionen beider zu denken, als bis Analoga der Archegonien
nachgewiesen sind; denn mit vollständig scheinenden Analogien
mufs man, wie viele warnende Erfahrungen gezeigt haben, vorsichtig sein; halbe aber sind gerade so viel, wie gar keine. Sie
mögen Grund zu Hypothesen geben, deren Richtigkeit man durch
Untersuchungen zu bestätigen hat, die man aber nicht als Wahr-
heiten ansehen darf, ehe sie bewiesen sind.

Bayrhoffers Beobachtungen sind ebensowenig beweisend, als
obige vermeintliche Analogien, zumal da Tulasne's umfassende
Untersuchungen, denen ich um so lieber vertraue, als sie mit
meinen Resultaten bei den Pilzen völlig harmoniren, nicht un-
wichtige Irrthümer in denselben nachgewiesen haben.

Obgleich nun aber Beweise für die befruchtende Funktion
der Spermogonien und Spermatien sowohl bei Lichenen als bei
Pilzen vollständig fehlen, so wird doch Jeder, der das hierhergehörige genau untersucht und studirt hat, weit entfernt davon
sein, mit Schleiden die Annahme männlicher Organe hier geradezu
für unsinnig zu erklären. Allerdings mufs eine Befruchtung,
wo keine Archegonien vorhanden, in ganz anderer Weise vor-

gehen, als bei den oben genannten cryptogamischen Gewächsen. Der Umstand aber, daſs die Spermogonien constante Begleiter nicht nur, sondern stets die Vorläufer der Sporenlager sind, bei den Pilzen, die sie zeigen, und bei der Gesammtheit der Flechten, indem sie hier stets auf den jüngst entstandenen Thalluspartien, dort stets als die ersten, vor den Sporenlagern erscheinenden Producte des gemeinsamen Myceliums auftreten; daſs sie, wie Tulasne zuerst zeigte, bei den Pyrenomyceten und Discomyceten, wenn auch in verschiedener Form, doch stets mit gleichen Endproducten, den Spermatien, ebenso Vorläufer der Sporenbildung zu sein scheinen, wie sie es bei den Flechten und Aecidien ohne allen Zweifel sind; daſs ferner die Spermatien spontan entleert werden, und zwar ebenfalls vor der Bildung der Sporenlager; daſs sie, wie die Beobachtungen zeigen, bei den Aecidien, Roestelien u. s. w., über die Blattfläche ergossen werden, von welcher aus sie leicht auf die im Blattdiachym wuchernden Myceliumsfäden einwirken können; daſs, wie ebenfalls feststeht, ihr Zerfallen, ihre Auflösung und Vertheilung in der sie einhüllenden Gallerte bald nach ihrer Entleerung aus dem Spermogonium erfolgt, woraus wenigstens hervorgeht, daſs sie nicht keimen; daſs endlich die Spermatien allerdings in so fern Analogien zeigen mit den Samenfäden der Thiere und cryptogamischer Pflanzen, als sie in besonderen Organen erzeugte, spontan, d. h. durch den Lebensprocefs der Pflanze selbst frei werdende Gebilde sind, und als sie, wenigstens bei den Aecidien, bei Sphaeria cinnabarina (Tubercularia vulgaris) und Borrera ciliaris, durch Zucker und Schwefelsäure lebhaft roth gefärbt werden, also aus Proteinverbindungen bestehen; — alle diese Verhältnisse machen es nicht unwahrscheinlich, daſs ihnen befruchtende Functionen zukommen, und höchst wünschenswerth, daſs ihr Vorkommen weiter untersucht, und ihr Verhalten zu den sporenbildenden Organen womöglich durch Versuche ermittelt werde, als ein für die ganze Pflanzenlehre höchst wich-

tiger Gegenstand. Die Schwierigkeiten, welche die Erforschung
desselben darbietet, werden dadurch verringert werden, dafs
sich mehrere Beobachter dabei betheiligen, und, bei der bedeutenden Menge der hier in Frage kommenden Formen, ist wohl
Aussicht vorhanden, dafs sich unter denselben auch solche finden werden, welche zu Experimenten tauglich sind.

II. Systematische Folgerungen.

Bis auf Persoon wurden die Brandpilze bekanntlich, soweit man ihre Pilznatur überhaupt zugestand, theils als *Lycoperda*, theils als *Reticularien* von den Botanikern aufgeführt. Per-soon unterschied zuerst die Genera *Aecidium, Uredo, Puccinia*[1]) und stellte sie in die dritte Ordnung (Dermatocarpi) seiner Classis prima, Angiocarpi, mit *Licea, Tubulina, Mucor, Onygena* etc. zusammen. Seit Link bildeten sie, bis auf die neuere Zeit, eine besondere Familie in den mycologischen Werken, *Ento-phytae* Link[2]), *Coniomycetes Entophyti*, Nees[3]) und Fries[4]), *Urédinés* A. Brongniart[5]), und wurden durch freie, un-ter der Pflanzenepidermis hervorbrechende Sporidien, welche höchstens in ein durch diese gebildetes Pseudoperidium einge-schlossen sind, charakterisirt, und eben dieser einfachen Sporen halber für die elementarsten Pilze gehalten.

Nachdem Unger über den Bau ihrer Sporidien viel Treff-liches veröffentlicht hatte, wurde ihre Kenntnifs besonders durch

---

[1]) Syn. meth. fungor. (1801).

[2]) Obs. in ord. plant. nat. Diss. II. »Sporidia libera aut pedicello af-fixa . . . . . stromate nullo aut tenuissimo. Genera: *Hypodermium* (*Caeoma* Lk. Diss. I). Subg. 1. Ustilago. 2. Uredo. 3. Uromyces = Caeomurus Lk. D. I. 4. Aecidium. 5. Peridermium. *Puccinia* Pers. ex p. *Phragmidium* Lk.

[3]) Nees v. Esenbeck, Syst. der Pilze u. Schwämme. Würzbg. 1817.

[4]) Plant. homon. (1825) p. 188. Syst. myc. (1832) P. III pg. 460.

[5]) Diction. des sc. nat. t. 33.

84

Corda und Léveillé gefördert und von dem ersteren die Familien der *Aecidiaceae*, *Caeomaceae* und *Phragmidiaceae*[1]), von letzterem Autor *Aecidinées*, *Urédinées* (hierher auch Corda's Phragmidiaceae) und *Ustilaginées* unterschieden[2]). Demselben verdanken wir ferner die Sichtung der verschiedenen Typen, welche in der Persoon'schen Gattung Uredo zusammengeworfen waren[3]), in die Genera Uredo, Trichobasis, Uromyces Lk., Coleosporium, Lecythea (= Epitea Fr. S. M.), Physonema, Podosporium, Cystopus, Polycystis, Tilletia Tul., Microbotryum, Ustilago und Thecaphora Fingh; die Ustilagineen vereinigt er später wiederum mit den Uredineen, von denen er jedoch die Phragmidieen (Puccinia, Phragmidium, Triphragmium) als besondere Familie abtrennt. Fries[4]) hat die frühere Eintheilung von Léveillé mit dem Unterschiede angenommen, dafs er die Phragmidien (Aregma Fr. S. M.) unter der Abtheilung *E, Sporidesmiacei* seiner, die Hyphomycetes et Coniomycetes genuini des Systema mycologicum umfassenden Familie der *Haplomycetes* aufführt,

---

[1]) vgl. Icon. fungorum. Die dort (t. I u. II) citirte Bearbeitung, welche Corda in Opitz' Beiträgen 1828 lieferte, konnte ich nicht vergleichen; sie liegt der Anordnung der Brandpilze in d. Icon. fung. zu Grunde; die Aecidiaceae werden zu den Gasteromycetes (Myelomyc. C.) in die Nähe von Licea u. s. w. gestellt.

[2]) Ann. sc. nat. t. XI de la 2. sér. (1839).

[3]) cf. Ann. sc. nat. 3. sér. t. VIII. Dict. univ. d'hist. nat. Art. Urédinées.

[4]) Summa veget. Scandin. Pars II p. 509:

F. *Hypodermii s. Entophyta* Lk.
  a. *Aecidinei*
    Peridermium, Cronartium, Roestelia, Aecidium.
  b. *Uredinei*
    * Epitei
    Epitea Fr. = Lecythea Lév. Podocystis = Podosporium Lév. Coleosporium Lév. Cystopus Lév.
    ** Pucciniei
    Triphragmium. Puccinia.
    *** Uredei
    Uromyces Lév. Pileolaria Cast.
  c. *Ustilaginei* Tul.

die übrigen Brandpilze dagegen in der Abtheilung Hypodermii s. Entophyti Lk. zusammenfafst.

Bonorden[1]) stellt die Persoon'schen Uredines, bei welchen er kein Mycelium fand, als *Uredo* in die erste Familie seiner Coniomycetes *(Protomycetes)*, die, deren Mycelium er erkannte, in die zweite Familie, *Caeomacei* als Gattung *Caeoma*. Eine dritte Familie, *Phragmidiacei*, enthält *Phragmidium*, und *Puccinia*. Andere Uredines der ältern Autoren setzt er in die Familie der *Aecidiacei*, Vorbilder der Bauchpilze, in die Gattung Physoderma Wallr., und hierher ferner Aecidium, Roestelia und Polystigma Pers. Von Léveillés Arbeiten scheint er gar keine Kenntnifs zu haben[2]).

Was die Gattungen der Brandpilze betrifft, so haben die oben mitgetheilten speciellen Untersuchungen die von Léveillé vorgenommenen, von Fries meist adoptirten Trennungen gröfstentheils bestätigt; Meinungsverschiedenheiten in Betreff derselben sind gehörigen Orts besprochen worden. Es handelt sich daher hier nur um ihre Vertheilung in verschiedene Familien und Classen der Pilze. Bei der Gährung jedoch, in welche die mikroskopischen Untersuchungen der neuern Zeit die Pilzkunde versetzt haben, indem sie zeigten, dafs nur genaue Untersuchung des Baues und der Entwicklungsgeschichte sichere Auskunft geben kann über die Ansicht, welche wir uns von einem Pilz zu bilden und gemäfs welcher wir ihn im System unterzubringen haben; und indem sie viele grofse Irrthümer aufdeckte, zu welchen die früher allein mögliche sogenannte morphologische Betrachtung der Pilze in ihrer allgemeinen und speciellen Gruppirung selbst

---

[1]) Handb. d. allg. Mycol. 1851.

[2]) Es sind hier absichtlich der Kürze halber nur die wesentlichen systematischen Aenderungen erwähnt worden. Unter dieselben kann ich die Namensänderungen, welche Wallroth (flor. germ. crypt. IV, 1833) vornahm, indem er Link's Eintheilung im Wesentlichen beibehielt und nur den Namen Erysibe für Caeoma, griechische Benennungen für die Untergattungen einführte, nicht rechnen.

die scharfblickendsten Forscher führen mufste, halte ich es nicht
nur für übereilt, sondern für ganz unmöglich, genau die Stel-
lung der Brandpilze im System anzugeben, und beschränke mich
hier darauf, meine Ansichten über ihre Verwandtschaften im Allgemeinen zu entwickeln, spätern Untersuchungen gern überlassend,
sie zu berichtigen oder zu bestätigen.

Die oben betrachteten Formen legitimiren sich als *Pilze*
durch ihr Mycelium, aus welchem sich später die fructificirenden
Theile bilden, und welches in Betreff seines Baues und der
Art und Weise, wie sich aus ihm die Sporen entwickeln, vollständig mit dem vieler anderer als Pilze anerkannter Gewächse
übereinstimmt. Es ist durch zahlreiche Beobachtungen nachgewiesen, dafs den Gewächsen, welche obigen Collectivnamen führen, eine und dieselbe Zellbildung, ein und dasselbe Formelement,
wenn ich so sagen darf, zukommt, und die wenigen Gruppen,
bei denen die Schwierigkeiten, welche sich der Erkennung ihres
Baues entgegenstellen, noch nicht überwunden sind, werden,
wenn sie andere Zusammensetzung zeigen, eine so schroffe Ausnahme von den übrigen Pilzen machen, dafs sie unbedingt aus
ihrer Gesellschaft auszuweisen sein werden; dafs solche Fälle
gefunden werden, scheint jedoch höchst unwahrscheinlich.

Es sind diese Formelemente Zellen, welche in den einfachsten Fällen, wie bei dem Gährungspilz [1]), kugelig sind und
sich durch »Abschnürung« einer als Auswuchs der Mutterzelle,
gleichsam als Zellknospe entstehenden Tochterzelle, »Neubildung
mit Theilung in zwei Zellen, von denen die eine Mutterzelle
bleibt, die andere als Tochterzelle sich abgliedert« [2]), fortwäh-
rend vermehren, entweder nur locker reihenweise verbunden,
oder sich gänzlich von einander trennend. In den bei weitem
häufigern Fällen sind die Pilzzellen mehr oder minder schlauch-

---

[1]) vgl. Schacht, die Pflanzenzelle, p. 136 tab. 1 fig. 1, als die neueste
Untersuchung über diese Gebilde.

[2]) vgl. A. Braun, Betr. über d. Erschein. d. Verjüngung, p. 268.

artig ausgedehnt, zu verzweigten Fäden, *Hyphen*, verbunden,
und zwar bei allen Pilzen und allen als Flechten bezeichneten
Gebilden in gleicher Weise, so dafs auf die Beschaffenheit des
Gewebes kein Unterschied zwischen Pilzen und Flechten gegründet werden kann [1]). Es ist noch nicht mit Sicherheit entschieden, ob die Zellvermehrung hier in gleicher Weise stattfindet,
wie bei den Gährungspilzen, doch ist es nach den vorliegenden
Beobachtungen wahrscheinlich, dafs aufser bei der Sporenbildung durch freie Zellbildung innerhalb schlauchförmiger Endzellen die Zellvermehrung in den Hyphen meistens durch Abgliederung oder völlige Abschnürung knospenartig aus der Mutterzelle hervorsprossender Tochterzellen vor sich gehe. Zweifellos
ist dies der Fall bei der Bildung der Sporen auf den sogenannten
Basidien, bei der Sporenbildung vieler Hyphomyceten, und den
Gonidien der Flechten [2]). Zellvermehrung durch »Theilung« der
Mutterzelle ist nirgends mit Sicherheit nachgewiesen.

Es ist von Schleiden [3]) zuerst ausgesprochen worden,
dafs das Gewebe der Pilze und Flechten lediglich aus solchen
Hyphen bestehe, deren Glieder mehr oder minder in der Form
von einander abweichen, fester oder lockerer mit einander verbunden, häufig eng und fest verwirrt, verfilzt und verflochten
sind. Bonorden hat diesen Satz für die Pilze durchzuführen
gesucht, besonders aber haben ihn Schachts Darstellungen aufs

[1]) vgl. Schacht l. c. Schleiden, Grundz. d. w. Bot. 3. Ausg. II, p. 42.
Die chemischen Eigenthümlichkeiten des Flechtengewebes bieten ebenfalls
kein scharfes Merkmal dar. Auch bei Pilzen findet sich Cellulose, durch
Jod und Schwefelsäure blau werdend (siehe oben, p. 19 u. 23), und das
Mycelium des Polystigma rubrum besteht, wie die von Schacht (l. c. p. 139)
beschriebenen Pilzfäden, aus Amyloid, durch Jod lebhaft blau gefärbt.

[2]) vgl. Bayrhoffer, Einiges über Lichenen etc. tab. I, fig. 13 — 15.
In Betreff der Sporenbildung auf Basidien verweise ich auf die bekannten
Arbeiten von Léveillé, Tulasne, Schacht (Pflanzenzelle tab. I), Bonorden.
Hyphomyceten: Schleiden, Grundz. 3. Aufl. II, p. 37. Fresenius, Beitr.
zur Mycologie, u. s. f.

[3]) l. c. p. 34.

Klarste dargethan [1]). Sobald es sich übrigens um Pilzgewebe, nicht um frei vegetirende Hyphen handelt, ist Maceration und Präparation mit der Nadel oft die einzige, sichere Resultate liefernde Methode. Durchschnitte allein zeigen häufig ein scheinbar parenchymatisches oder merenchymatisches Gewebe, wie dies in der Rindenschicht und dem Hypothecium des Flechtenthallus, in den Hymenien, Perithecien, Strünken u. s. w. der Pilze so häufig beschrieben und abgebildet wurde [2]). Genaue Untersuchung zeigt stets, dafs solche Bilder durch quere Durchschneidung der Hyphen, der Maschen, welche sie durch ihre Verflechtung bilden, da entstehen, wo letztere recht dicht und fest ist.

Die Hyphen der Pilze vegetiren entweder frei, oder zu mehr oder minder beträchtlichen »Colonien« vereinigt; »eine gesetzmäfsige Anordnung der zahllosen Zellenfäden bedingt die Gestalt der höhern Pilze und Flechten, und die Lage ihrer Fructificationszellen« [3]). Von der einfachen, frei vegetirenden Zellenreihe gibt es zahlreiche Uebergänge zu den durch Vereinigung einer oft ungeheuern Anzahl derselben gebildeten, bestimmt geformten Pilzcolonien, Pilzkörpern. Bei den Gährungspilzen und Verwandten (Protomycetes Bonorden) trennen sich selbst die einzelnen Glieder der Zellreihen in der Regel bald von einander; bei den Hyphomyceten der Autoren bleiben die Zellen zwar zu Fäden verbunden, diese aber vegetiren einzeln, frei, höchstens gesellig, rasenweise bei einander wachsend. Inniger wird ihre gegenseitige Verbindung schon bei den Isarieen, welche durch festes Aneinanderlagern von Fäden, die oft durch Intercellularsubstanz zusammengehalten werden, die einfachsten, meist ziemlich unregel-

---

[1]) vgl. Schacht, l. c. p. 134—150, tab. I u. II. Dieselbe Ansicht findet sich auch bei Montagne angedeutet. (C. Montagne, Skizzen zur Organographie u. Physiol. d. Schwämme. Deutsch v. Pfund. Prag 1844.)

[2]) Häufig sogar noch mit einem guten Theil Phantasie, wie z. B. neuerlichst in der in den N. A. N. C. Bd. 23, II erschienenen Abhandlung über Microstoma hiemale v. A. Bernstein.

[3]) Schacht l. c. p. 134.

mäfsigen Pilzkörper darstellen. Diese werden endlich bei den
»höhern« Pilzen immer bestimmter, regelmäfsiger geformt, die
sie constituirenden Hyphen immer zahlreicher, mannigfaltiger, an
verschiedenen Orten des Körpers verschiedene Gestalt und Beschaffenheit zeigend, und zu den Gebilden gruppirt, welche als
Stromata, Hypostromata, Wurzeln, Stengel, Stamm, Stiel, Receptaculum, Clinodium, Hymenium, Lamellen, Poren, Peridien,
Perithecien, Becher, Disci etc. etc. von den Autoren bezeichnet
worden sind. Durch eine ganz ähnliche Vereinigung von ganz
ähnlichen Hyphen, wie die der Pilze, entsteht der Thallus der
Flechten, auf ihm die Sporen in Schläuchen, in Hymenien, welche
denen der Discomyceten und Pyrenomyceten vollkommen gleichen.
Sie reihen sich daher diesen Pilzen unmittelbar an, und die physiologischen Eigenthümlichkeiten, welche sie besitzen, das constante Vorkommen von Chlorophyll, Cellulose, Amyloid bei einem
grofsen Theil derselben, kann sie höchstens als besondere Familie, nicht aber als Classe auszeichnen, oder gar rechtfertigen,
dafs man sie in die Classe der Algen stelle, wie Fries [1]) und
Nägeli [2]) gethan haben, wenn auch gewisse Genera mit manchen
Algen verwandt zu sein scheinen [3]).

Durch die Betrachtung der allmählich steigenden Differen-
zirung der einzelnen Glieder der Pilzfäden und ihrer immer in-
nigern Verbindung zu bestimmt geformten Colonien, Pilzkörpern,
erhält man einen wissenschaftlichen Ausdruck für die Bezeichnung höhere und niedere Pilze, indem man findet, dafs die »höhern«
Pilze aus mehr und mehrerlei Elementarformen, Zellen, zusammengesetzt, also *complicirter* sind, als die »niedern«, deren

---

[1]) Plantae homonemeae pag. 58, 224.
[2]) Die neuern Algensysteme p. 168.
[3]) Die rosenkranzförmigen Gonidienreihen im Thallus der Collemaceen
haben allerdings einige Aehnlichkeit mit den Fäden der Nostochineen. Es
ist jedoch noch lange nicht entschieden, ob diese Aehnlichkeit nicht nur
oberflächlich, und beiderlei Bildungen nicht Resultate ganz verschiedener
Bildungsgesetze seien.

Zellen weniger grofse Generationscyclen durchzumachen haben,
weniger verschiedene und zahlreiche Generationen erzeugen zwischen je zwei gleichen, also z. B. zwischen Sporenbildung und
Sporenbildung, deren Lebensprocefs also *einfacher* ist. Bei den
Gährungspilzen z. B. lebt die einzelne Pilzzelle für sich, vegetirt
selbständig, vermehrt sich, und jede spätere Generation gleicht
der vorigen, diese ihrer Mutter, u. s. f.; wir haben diese Pilze
also für die einfachsten, elementarsten zu halten. Mehr differenzirte
und immer zahlreicher werdende Generationen zwischen je zwei
gleichen zeigen zunächst die Hyphomyceten, welche durch immer
complicirter werdende Bildungen nach und nach in die zusam-
mengesetztesten Pilzgruppen, die Hymenomycetes, Gasteromycetes,
Pyrenomycetes und Discomycetes (Fries') übergehen.

Die mehr oder minder richtig erkannte Einfachheit oder
Complication der Pilze, der Bau der Pilzkörper und die Art
und Weise der Sporenbildung bilden die Grundlage der bisherigen Pilzsysteme; auf sie hat Fries [1]) seine 6 Familien, Bonorden
seine 12 Ordnungen gegründet. Allein so naturgemäfs auch diese
Eintheilungsprincipien sind, so scheint mir doch durch die Untersuchungen der neuesten Zeit ein bisher übersehenes wichtiges
physiologisches Moment hinzugekommen zu sein, welches im
Pilzsystem eine wesentliche Aenderung hervorrufen mufs. Die
detaillirte Durchführung derselben wird zwar erst durch viel-
fache genaue Untersuchungen möglich werden, ihr Grund aber
darin beruhen, dafs bei einer grofsen Gruppe die oben geschil-
derte Duplicität der Fructificationsorgane auftritt, Spermogonien
neben den Sporenlagern vorhanden sind, während dieselben bei
einer zweiten Abtheilung der Pilze fehlen. Letzteres scheint der
Fall zu sein bei den Hymenomyceten, Gasteromyceten, Hyphomyceten Fries' und den Gymnomyceten dieses Autors, von welchen

[1]) Summa veget. Scandinav. p. II: 1. Hymenomycetes. 2. Discomycetes. 3. Pyrenomycetes. 4. Gasteromycetes. 5. Gymnomycetes. 6. Haplomycetes.

jedoch manche eben als Spermogonien anderswohin zu stellen
sein werden; Spermogonien dagegen sind von Tulasne[1]) schon
bei einer grofsen Reihe von Pyrenomyceten, Discomyceten und
bei den sich diesen unmittelbar durch die Sporenbildung an-
reihenden Lichenen ganz allgemein, nachgewiesen worden. So
bei Sphaerien, Rhytisma, Dothidea, Hysterium, Phacidium, Tym-
panis, Cenangium, Peziza; und viele Pyrenomyceten, Discomyceten und Gymnomyceten im Sinne der bisherigen Autoren hat
der scharfblickende französische Mycologe eben als Spermatien
bildende Zustände, Spermogonien, welche anderen, sporenbildenden vorangehen, erkannt, wie Cytispora, Nemaspora, Micropera,
Polystigma, Ascochyta, Melasmia, Asteroma, Leptostroma, Da-
crymyces, Tubercularia. Abgesehen von den Aecidien, hatte ich
schon in einer Reihe von Fällen Tulasne's Ansichten zu bestätigen Gelegenheit. So die Entstehung von Sphaeria cinnabarina
aus Tubercularia, das Auftreten der Spermogonien von Rhytisma
acerinum (Cryptosporium acerinum Corda, Melasmia Lév.) im
Herbst in den bekannten schwarzen Flecken der Ahornblätter,
während in denselben erst im Winter, nachdem die Blätter abgefallen, die Sporenbildung erfolgt. Ein ähnlicher Vorgang, wie
dieser, wurde schon 1820 von Nees v. Esenbeck[2]) beschrieben,
indem er in den Flecken der Pflaumenblätter, in welchen Polystigma rubrum sitzt, im Winter eine Sphaeria mit Sporenschläuchen, Sph. hyetospilus Martius, entstehen sah.

Man kann diese Ansicht allerdings bis jetzt nur soweit ver-
antworten, als sie bereits durch Beobachtungen unterstüzt wird;
wenn man aber auf die bereits vorliegenden die allernächsten
Analogienschlüsse baut, so liegt die Vermuthung einer Dupli-

---

[1]) Comptes rendus t. XXXII. (24. et 31. Mars 1851). Ann. des sc. nat.
3. sér. t. XVII. Botan. Zeitung 1853. N. 4.

[2]) N. A. Nat. Cur. vol. IX p. 251, tab. VI fig. 21. Eine Täuschung, wie
Fresenius meint, hat hier wohl schwerlich stattgefunden; F. hat eben nur
die Spermogonien untersucht, Nees u. Martius beide Zustände; ähnlich
wird es sich mit Sphaeria punctiformis verhalten. Vgl. Fresenius, Beitr.
z. Mycologie, I, p. 35.

cität der Fructificationsorgane bei allen den Pilzen, welche im
Uebrigen eine grofse Uebereinstimmung zeigen mit denjenigen,
bei welchen dieselbe bereits nachgewiesen ist, aufserordentlich
nahe, zumal da Tulasne so unwiderleglich ihr constantes Vorkommen bei allen Gruppen und Gattungen der grofsen Lichenen-
familie dargethan hat.

Was aber unter allen Umständen zugegeben werden mufs,
ist der Satz, dafs diejenigen Pilze, bei welchen sich die, den
bei den Flechten vorkommenden, ganz ähnlichen, Spermatien bildenden Organe vorfinden, sich diesen unmittelbar anschliefsen;
und in diesem Falle befinden sich diejenigen Pyreno- und Discomyceten[1]) Fries', bei welchen sie bereits nachgewiesen sind,
und deren Sporenbildung bekanntlich auch in gleicher Weise
erfolgt, wie die der Lichenen; und ferner diejenigen unserer
Brandpilze, bei welchen wir Spermogonien gefunden haben.

Bei der so grofsen Uebereinstimmung der Pilze und Flechten
in Betreff ihres Baues, bei dem dagegen, wie. es scheint, scharf
durchgreifenden Unterschiede, den die Duplicität oder Simplicität
ihrer Fructificationsorgane abgibt, glaube ich die unter der Ueber-
schrift *Aecidinei* abgehandelten Pilze als mit den Fries'schen
Pyrenomycetes, Discomycetes und Lichenes in eine grofse Abtheilung gehörig betrachten zu müssen, welche sich eben durch
die Spermatienbildung von den übrigen Pilzen auszeichnet, und
welche man wohl am besten von den nicht Spermogonien bildenden unter dem Gesammtnamen *Lichenes* trennt, für letztere
die Bezeichnung *Fungi* im engern Sinne beibehaltend. Man
kommt dadurch zu einem ähnlichen Resultat wie Schleiden[2]),
nur, wie mir scheint, auf bessere Gründe gestützt.

---

[1]) Hypoxyla A. Brongniart, Decandolle, Duby. Xylomyci Willd. et Fun-
gineae subtr. I. Helvellaceae A. Brg. — Sclerogasteres et Hymenomycetes
Ascospori Corda.

[2]) »Die Kernschwämme sind ohne vorgefafste Meinung von sehr vielen
Flechten schwer oder gar nicht zu unterscheiden..... Dasselbe gilt auch
von den Discomyceten.« Grundz. d. w. Bot. 3. Ausg. p. 42.

Schon die Spermogonien gehen aus einer »Metamorphosis« des Mycelium, einer Verbindung der Hyphen zu einem Pilzkörper hervor, dasselbe gilt von den Sporenlagern, den Hymenien; daher können unsere Pilze unmöglich als Haplomycetes, wie Fries will, als mit den Schimmelarten in eine Classe gehörig angesehen werden. Die Spermogonien fand ich constant bei *Aecidium, Roestelia, Uredo suaveolens, Orchidis* Pers., *Physonema* (Uredo Rebent.) *gyrosum* Lév. — inconstant nirgends. Die Sporenlager sind bei den fünferlei bezeichneten Gebilden verschieden. Uredo gyrosa besitzt jedenfalls, wie die Epiteen, keulenförmige, nach innen gekrümmte Paraphysen im Umkreis derselben; U. suaveolens die unregelmäfsigen sporenbildenden Pilzkörper von Trichobasis Lév.; durch die reihenweise sich bildenden Sporen schliefst sich Aecidium zunächst an Coleosporium an, und dieser Anschlufs wird besonders vermittelt durch die mit Spermogonien versehene im Uebrigen jedenfalls ähnlich wie Coleosporium ihre Sporen bildende Uredo Orchidis einerseits, welche mit C. durch den Mangel der Paraphysengebilde, mit Aec. durch die Spermogonien, mit beiden durch die Sporenbildung verwandt ist; durch Podocystis andrerseits, welche sich durch ihre Paraphysen an die Aecidien, durch Mangel der Spermogonien an Coleosporium, durch ähnliche Sporenbildung wiederum an beide anschliefst. Durch ihre gleich gebildeten Spermogonien kommen die fünferlei Gebilde überein; ebenso durch die bei allen stattfindende Abschnürung der Sporen, d. h. die Abschnürung, Lostrennung der einzelnen Stücke der Mutterzelle, in welcher die Sporen entstehen, mit der jedem Stück entsprechenden, durch freie Zellbildung entstandenen Spore. Ich glaube sie daher als eine Abtheilung der spermogonienbildenden Pilze (*Lichenes* im angegebenen Sinne) zusammenfassen zu dürfen unter dem Namen *Aecidinei* oder *Aecidiacei*. Dieselben unterscheiden sich untereinander wiederum durch die Formation ihrer Pilzkörper und Hymenien, durch die einzelne oder reihenweise Bildung der Sporen, durch Mangel oder Vorhandensein und verschiedene Ausbildung von paraphy-

senartigen Organen. Die bezeichnete Familie ist daher in verschiedene Genera und Unterabtheilungen wiederum zu trennen,
deren Charakterisirung ich jedoch defshalb vor der Hand unter-
lasse, weil mir in meinen Beobachtungen über die Sporenbildung
von Uredo Orchidis und gyrosa leider wesentliche Lücken geblieben sind, und ich keine halben Charaktere angeben mag.

Ein wesentlicher Unterschied der Aecidinei von den meisten
übrigen unserer Lichenes beruht in der Abschnürung ihrer Sporen, während sich dieselben bei letztern — wenigstens in der
Regel — in den bekannten persistenten Asci oder Thecae bilden, selten als sogenannte Stylosporen. Was sie aber von vielen
Lichenen unterscheidet, verknüpft sie gerade mit den meisten,
keine Spermogonien erzeugenden, zu den Fungi im oben angegebenen Sinn gehörigen Brandpilzen, und sie sind daher als
Zwischenformen zwischen Lichenes und Fungi anzusehen, zu
jenen durch ihre Spermogonien, zu diesen durch die Art ihrer
Sporenbildung neigend; und wiederum stehen die Aecidien und
Roestelien den übrigen Lichenes dadurch näher, dafs sie, wie
viele dieser, ihre Hymenien innerhalb eines Pilzkörpers (Perithecium) entwickeln, während dieselben bei den übrigen hierhergehörigen Formen an der Oberfläche eines solchen entstehen.
Dafs die Aecidien nicht zu den Gasteromyceten gehören, wie
Corda meint [1]), ergibt sich daraus, dafs bei ihnen die Spermogonien vorkommen, bei den wahren Gasteromyceten nicht gefunden werden. Corda's Grund, nämlich das Vorhandensein
einer Peridie bei den Aecidien, erweist sich dadurch als völlig
haltlos, dafs die Peridie der wahren Gasteromyceten, d. h. der
Lycoperdaceen aus Hyphen zusammengesetzt sind, den sterilen
Theil des Pilzkörpers darstellen, während die Hüllen der Aecidien Paraphysengebilde, Theile des Hymeniums, in dem Pilzkörper entstanden, sind. Wie die Aecidien, sind Corda's Muco-
roidei und Pilobolidei unbedingt von den Gasteromyceten weg-

---

[1]) vgl. Corda, Anleitg. p. LXVII—LXXXVI.

zuweisen, denn ihre Sporenhülle ist eine einfache Zellmembran [1]);
viele andere, auch von andern Autoren zu den Gasteromyceten
gerechneten Pilze bedürfen noch einer genaueren mikroskopischen Untersuchung.

Die übrigen oben besprochenen Brandpilze besitzen keine
Spermogonien, gehören also, nach obiger Definition, zu den
Fungis. Sie zerfallen wiederum zunächst in solche, denen ein
durch gesetzmäfsiges Zusammentreten der Hyphen gebildeter Pilzkörper (Stroma) zukommt, welcher mehr oder minder scharf abgegrenzt oder unregelmäfsig geformt und verbreitet ist, und
solche, deren Hyphen frei, höchstens gesellig ihre Vegetations-
phasen durchmachen; doch finden sich hier, wie an andern
Stellen, ganz allmähliche Uebergänge von einem der bezeichneten Extreme zum andern.

Diejenigen Fungi, deren Hyphen zu einem Pilzkörper vereinigt sind, zerfallen in solche, bei denen die Sporenbildung im
Innern desselben vorgeht, Gasteromycetes Fries[2]), und solche, an
deren Aufsenflächen die Sporen entstehen, Hymenomycetes et
Gymnomycetes Fr.; zwischen beiden Typen — dem concentri-
schen und excentrischen, um mit Bonorden zu reden, — finden
sich übrigens nicht wenige Zwischenformen. Eine Trennung der
Gymnomycetes und Hymenomycetes im Sinne Fries' als den Gasteromycetes, Haplomycetes, Pyrenomycetes u. s. f. gleichberechtigte
Abtheilungen, ist um so weniger statthaft zu finden, als der
Autor selbst jenen ein stroma fructificans definitum et contiguum
(Clinodium Lév.) zuerkennt [3]), auf welchem also, falls überhaupt die Sporen an seiner Aufsenfläche entstehen, ihre Bildung
auf ähnliche Weise stattfinden mufs, wie bei den Hymenomy-

---

[1]) vgl. die citirten Werke von Bonorden und Fresenius. Cohn, Entw.
d. Pilobolus crystallinus in N. A. A. N. C. vol. 23 pars I.

[2]) Von denen jedoch die Myxogasteres wenigstens so lange, bis ihre
Entwicklung besser bekannt ist, durchaus ausgeschlossen werden müssen.

[3]) Fries, S. veget. Scand. p. II, pag. 461.

ceten, eine Ansicht, welche auch Fresenius theilt, wenn er Fusarium mit Corda zu den Hymenomycetes basidiophori stellt[1]). Bei der Aufstellung gröfserer Abtheilungen kann es nicht auf die Form und Gröfse gleichwerthiger Organe, sondern nur auf ihr Vorhandensein oder Fehlen, nicht darauf ankommen, ob die in ihren Spitzen Sporen bildenden und abschnürenden Enden der Pilzhyphen (Basidien) dies in einer, oder zwei, oder vier Spitzen, einmal oder mehrmals hinter einander in einer Spitze thun; ebensowenig kann hier in Betracht kommen, ob die Basidien blasig aufgetrieben oder linear sind, was ja auch von Fries in soweit anerkannt wird, als er die gewifs recht verschiedenen Corticien, Typhulae, Tremellen und Agarici zusammen in eine Familie setzt.

Aus diesen Gründen trage ich kein Bedenken, diejenigen Brandpilze, denen ein Pilzkörper zukommt, und welche keine Spermogonien bilden, zu den *Hymenomycetes* im angegebenen Sinne zu zählen. Es gehören hierher die Genera *Trichobasis* Lév., *Epitea* Fr., *Coleosporium*, *Podocystis* Lév., *Uromyces*, *Puccinia* und *Phragmidium*, welche vor Allem wiederum in zwei Gruppen zu sondern sind. Bei der ersten derselben werden die auch in ihrem Bau gleiche Beschaffenheit zeigenden Sporen durch Abschnürung frei, d. h. das jede Spore umgebende Stück des Mutterfadens trennt sich mit dieser spontan von den übrigen Theilen desselben. Es mag diese Gruppe als *Uredinei* bezeichnet werden; sie zerfällt, je nachdem sich eine einzelne, oder mehrere reihenweise concatenirte Sporen in dem Ende des Mutterfadens bilden, in die Unterabtheilungen:

a) *Monospori*. Trichobasis. Epitea.

b) *Scirospori* Coleosporium. Podocystis.

Bei der andern Gruppe dagegen, in welche die Gattungen Uromyces, Puccinia und Phragmidium gehören, schnüren sich die Sporen nicht ab; die Mutterzelle umgibt zwar sehr zart, aber fest und stets ungetheilt, die einzeln oder zu mehreren in ihr entstan-

---

[1]) Beitr. zur Mycologie. I. Heft, p. 36.

denen Sporen, daher dieselben immer, auch wenn sie abgerissen
sind, gestielt erscheinen, und, sobald sie zu mehrern in der
Mutterzelle entstehen, Sporidia bilden, »i. e. asci reducti, cum
caryopside, achaenio comparandi.« [1]) Die drei Genera, welche
ich hierher rechne, zeigen auch in dem Bau der Sporen grofse
Uebereinstimmung untereinander, und Differenzen von den Uredineen. Ich nenne diese Gruppe *Phragmidiacei,* den alten Corda'schen Namen in etwas anderm Sinne gebrauchend, als die
bisherigen Autoren. In wie weit die Sporidesmiacei Fries' hierher
gehören, kann ich nicht entscheiden.

Die Unterscheidungsmerkmale der einzelnen Genera sind den
obenstehenden speciellen Untersuchungen zu entnehmen. Ihre Verwandtschaft mit den Aecidiaceis wurde schon angedeutet; die
Phragmidiaceen schliefsen sich an die Uredineen durch die Aehnlichkeit der Sporenbildung, besonders bei Uromyces und Trichobasis, an. — Alle Uredineen und Phragmidiaceen haben einen
durch Zusammentreten, Verflechtung der Myceliumsfäden gebildeten
Pilzkörper, aus welchem sich die sporenbildenden Aeste zu einer con-
tinuirlichen Schicht, einem Hymenium erheben. Derselbe ist entweder scharf umschrieben, sein Hymenium durch Paraphysen begrenzt, wie bei Epitea, Podocystis und Phragmidium, oder, indem
diese Gebilde fehlen, weniger bestimmt an seinen Rändern abgegrenzt.

Diese feste Verbindung der Hyphen zu einem Stroma fehlt
bei *Cystopus;* die rasenartigen Häufchen, welche diese Pilze
bilden, haben in dem geselligen Wachsthum, der grofsen Menge
der aufrechten sporenbildenden Aeste ihren Grund; die einzelnen
Pilzfäden lassen sich leicht von einander trennen. Cystopus scheint
mir sonach eine Zwischenform zwischen Hymenomyceten und
Hyphomyceten darzustellen — diesen durch frei, nur gesellig vegetirende Hyphen, jenen dadurch verwandt, dafs diese Gesellig-
keit sehr bedeutend, dafs die Sporen in einer durch dicht aneinander gedrängte Sporangien gebildeten Schicht entstehen; und

---

[1]) Fries, S. veget. Scandin. p. 263.

zwar schliefsen sich diese Pilze unmittelbar an die durch Vereinigung der Hyphen zu minder scharf umschriebenen Stromata gebildeten Hymenomyceten, indem beiderlei Bildungen nur quantitativ verschieden sind. Durch die Sporenbildung schliefst sich Cystopus zunächst an Coleosporium an.

Ein einfacher Haplo- oder Hyphomycet ist *Protomyces macrosporus*, indem die Untersuchung gezeigt hat, wie er aus frei und einzeln zwischen den Zellen des Nährgewebes vegetirenden Hyphen besteht, die hie und da in der beschriebenen Weise Sporen erzeugen. Ueber Verwandtschaften dieses Pilzes weifs ich nichts mit Sicherheit anzugeben.

Was endlich die *Ustilagines* betrifft, so scheinen dieselben dadurch von den als Uredineen bezeichneten Pilzen wesentlich verschieden zu sein, dafs sie zwar anfangs einen aus verflochtenen Hyphen bestehenden unregelmäfsigen Pilzkörper bilden, welcher aber zuletzt ganz und gar in die Sporen zerfällt, indem diese in der ganzen Continuität der Fäden entstehen, während der Pilzkörper der Uredineen nur an einer bestimmten Stelle, in bestimmten Verzweigungen der Hyphen, Sporen bildet, im Uebrigen aber steril bleibt. Ob dasselbe Verhältnifs bei Tilletia Tul., Polycystis Lév. u. a. vorkommt, ist mir zweifelhaft. Die Ustilagines, welche ich zu untersuchen Gelegenheit hatte, verdienen aber aus dem angeführten Grunde jedenfalls als ganz besondere Familie, als *Ustilaginei* Lév., Tul., Fr. von den übrigen Brandpilzen abgesondert zu werden, und ihre Stelle im System mag, wenn ich eine vielleicht bodenlose Vermuthung aussprechen darf, möglicherweise in der Nähe der Aethalien sein, von deren Entwicklung jedoch bis jetzt noch nichts bekannt ist, was bestimmt für oder gegen diese Vermuthung spräche. Dieselbe gründet sich lediglich darauf, dafs die Fäden der Ustilagines vor der Sporenbildung undeutlich, gleichsam erweicht werden, und zusammen eine Masse darstellen, welche sich mit dem jüngsten, als amorphe Schmiere bis jetzt bekannten Zustande der Aethalien wohl vergleichen läfst.

Es ist somit wohl zur Genüge gezeigt worden, wie sehr verschiedenerlei Gebilde in der Ordnung der Coniomycetes oder Hypodermii vereinigt waren, und wie genaue Untersuchung eine noch viel weiter gehende Trennung derselben nothwendig macht, als die schon von Léveillé und Anderen vorgenommenen. Wenn Fries alle die oben beschriebenen Formen, mit Ausnahme der Phragmidien, als Ordo distinctissimus nec lacerandus bezeichnet, so liegt dieser Ansicht allerdings die nahe Verwandtschaft mancher hierher gehörigen Formen, auf welche oben auch wohl zur Genüge aufmerksam gemacht wurde, zu Grunde. Allein die Entwicklungsgeschichte zeigt, einmal wie gar verschieden die Ustilagines, Protomyces, von den Uredineen und Phragmidiaceen sind, und wie die Aecidiaceen von allen diesen durch ihre Spermogonien sich scharf unterscheiden. Wenn es sich, wie dies in der That der Fall zu sein scheint, bestätigt, daſs die ganze Gruppe der pilzartigen Gewächse, nach dem Vorkommen oder Mangeln der Spermogonien, in zwei groſse Abtheilungen zerfällt, so sind die Brandpilze ohne Zweifel in der angegebenen Weise in diese beiden Abtheilungen zu sondern. Ihre im ausgebildeten Zustande, zum Theil auch durch das gemeinsame Merkmal des Parasitismus bedingte, habituelle Aehnlichkeit muſs den durch die Entwicklungsgeschichte erhaltenen systematischen Eintheilungsgründen weichen, denn der Entwicklungsgeschichte, als Theil der Physiologie, welche die Gesetze, nach denen die Organismen entstehen und leben, zu ergründen hat, kommt hier allein absolute Berechtigung zu; sie behandelt den Grund der Formen, welche die Morphologie, auf die sich heutzutage die Systeme hauptsächlich stützen, unterscheidet, sie muſs die Morphologie begründen oder zurechtweisen, und entscheiden, ob diese sich nicht hat verleiten lassen, Resultate verschiedener Bildungsgesetze ihrer Aehnlichkeit halber für gleichwerthig zu halten. Diesen, zwar theoretisch ziemlich allgemein anerkannten, in der Anwendung aber noch immer vielfach verletzten, sicherlich aber, weil sie als Boden eines Systems allein genaue Beobachtungen der Organismen und ihrer Bildungs- und Le-

7 *

bensgesetze und die unmittelbaren Folgerungen daraus anerkennen, ausschliefslich berechtigten Grundsätzen glaube ich in der oben angedeuteten systematischen Vertheilung der Brandpilze nach Kräften nachgekommen zu sein; ich glaube dieselbe daher, so wie die in allgemeinen Umrissen angegebenen Gruppirungsideen der Pilze überhaupt für naturgemäfs halten zu dürfen, ohne natürlich künftigen Beobachtungen das Recht abzusprechen, Berichtigungen beizubringen.

Die vielfachen Affinitäten, welche wir bei den einzelnen Gruppen und Genera der Brandpilze antreffen, und besonders der Umstand, dafs Spermogonien bei ganz nahe verwandten, gleiche Vegetation im Uebrigen, gleiche Sporenbildung zeigenden Gewächsen, wie z. B. bei Uredo suaveolens und Uredo Polygonorum hier stets fehlen, dort in allen Fällen gefunden werden, können kein Einwand gegen die gegebenen Eintheilungen und besonders kein Gegengrund gegen die für die Eintheilung der Pilze in die zwei grofsen Gruppen der Lichenes und Fungi sprechenden Momente sein. Ich kann darin nur einen neuen Beweis für den anderweitig schon vielfach geltend gemachten Satz finden, dafs sich zwei Classen in ihren einfachsten Gliedern berühren, dafs die Differenz beider desto geringer ist, je weniger complicirt der ganze Organismus, dafs je näher eine Pflanze der einen Classe noch dem einfachen Formelement, desto näher auch der elementaren Pflanze der andern Classe steht, und umgekehrt. Ein scharf durchgreifender Unterschied scheint aber hier, wie gesagt, in der Spermogonienbildung zu liegen, als in einer wesentlichen, gesetzmäfsig und constant auftretenden Lebenserscheinung; ob dieselben befruchtende Eigenschaften haben oder nicht, ist vor der Hand ganz gleichgültig. Ferner ist die Vegetation der Ustilagines ganz aufserordentlich von der der Uredineen und Phragmidiaceen verschieden; und wenn die einzelnen Familien an vielen Stellen grofse Verwandtschaft, genaue Berührung zeigen, so ist dies noch lange kein Grund, sie nicht zu trennen, wenn dafür sonstige triftige Gründe vorliegen, denn auch von seinen Abtheilungen sagt Fries: »Reticulatus hic sectionum nexus in inferioribus ordinibus facilius patet.« (Pl. homon. p. 95).

III. Ueber das Verhältnifs der Brandpilze zu den Brand- und Rostkrankheiten der Pflanzen.

Die von Alters her gefürchteten Krankheiten der Gewächse, welche als Brand und Rost bezeichnet werden, sind, wie bekannt, durch das Auftreten von Pilzen aus den Gattungen, welche im ersten Abschnitt beschrieben wurden, und einigen ähnlichen andern charakterisirt.

Der *Brand*, und zwar zunächst die als *Flugbrand, Staubbrand, Rufs* bezeichnete Form desselben, zeichnet sich aus dadurch, dafs er die Gewebe, welche er befällt, zerstört, und zuletzt in schwarzbraunen Staub zerfallen macht. Dieser besteht aus den Sporen von Ustilago-Arten, deren Bildung oben (S. 1—15) beschrieben wurde, und zwar besteht der Brandstaub des Flugbrandes, welcher die Aehren der Cerealien, besonders des *Hafers* und der *Gerste* zerstört, aus den Sporen von *Ustilago Carbo* Tul. (Uredo segetum Pers.); die Brandbeulen der *Maispflanzen* werden von *Ustilago Maydis* (vgl. S. 4) angefüllt, den Brand der *Hirse* hat man *U. destruens* genannt, Tulasne jedoch für eine Form der Ustilago Carbo erklärt.

Der *Steinbrand, Stinkbrand, Schmierbrand* des *Waizens* ist durch eine mit Ustilago nahe verwandte Pilzform, *Tilletia Caries* Tul. (Uredo sitophila Ditm. in Sturms Flora III, vol. I) charakterisirt, deren zahlreiche Myceliumsäste an der Spitze je

eine grofse Spore erzeugen. Es bewohnt dieser Pilz das Innere
der Fruchtknoten des Waizens, deren äufsere Theile er nicht zerstört, und ist von den hier in Rede stehenden derjenige, den die
Landwirthe stets am meisten gefürchtet und daher beachtet haben.

Eine andere, seltnere und noch weniger gekannte · Brand-
form ist durch *Polycystis occulta* Schlechtd.[1] charakterisirt,
deren Sporen von einem unregelmäfsigen Zellkörper umschlossen
werden. Sie tritt auf in den obern Blattscheiden und Aehren
des *Roggens*.

Die minder verderblichen Krankheitsformen, welche als *Rost*
oder als Hautausschläge, Exantheme der Pflanzen bezeichnet werden, sind von dem Auftreten von Pilzformen aus den Gattungen
der *Uredineen, Phragmidiaceen* und *Aecidineen* begleitet, welche
unmittelbar unter der Epidermis zu leben, diese zu durchbrechen,
und daher, wo sie nicht in allzugrofser Menge auftreten, nur geringen Schaden anzurichten pflegen.

Der *Rost der Getreidearten* zeigt entweder rothgelbe, durch
Trichobasis Rubigo vera (DC.) und *linearis*, oder schwarzbraune,
durch *Puccinien* (P. graminis P., P. coronata Corda) gebildete
Flecke auf den Stengeln und Blattscheiden, oder er bildet roth-
gelbe Flecke auf den Spelzen und Klappen, und heifst dann
Klappenrost, Uredo glumarum (Trichobasis Lév.).

Die hell- oder dunkelbraunen Flecke, welche den Rost der
Hülsenfrüchte ausmachen, werden durch Pilze aus den Gattungen *Trichobasis* und *Uromyces* gebildet, nämlich Tr. Leguminosarum (Lk.) Lév., U. apiculata (Straufs), appendiculata (Pers.).
Epiteen bilden die rothen, *Phragmidien* die schwarzbraunen
Rostflecke auf *Rosen-, Himbeer-* und *Brombeersträuchern*. Der
Rost des *Sauerdorns* (Berberis vulgaris) und viele ähnliche Formen anderer Sträucher und Bäume ist durch ein *Aecidium* charakterisirt, der des *Birnbaums, Apfelbaums*, der *Eberesche*
durch Pilze aus der Gattung *Roestelia*.

---

[1] vgl. Botan. Zeitung 1852, Nr. 35.

Eigenthümliche Pilze endlich begleiten einige krankhafte Zustände der *Nadelhölzer*. *Peridermium Pini* Lk., ein den Aecidien sehr nahe stehendes Gebilde, macht die Blätter und jungen
Zweige der *Kiefer* (Pinus sylvestris L.), *Peridermium abietinum*
Fries, die Nadeln der *Rothtanne* oder *Fichte* (Abies excelsa
Pers.) erkranken, und die untere Fläche der Blätter der *Weifs-
tanne* (Abies pectinata) zeigt sich nicht selten von den cylindrischen Becherchen des *Aecidium columnare* Alb. et Schw. besetzt, während ein anderes Glied dieser Gattung, *Aec. elatinum*
A. et S., auf den Nadeln und jungen Zweigen derjenigen dege-
nerirten Aeste dieses Baumes auftritt, welche, ihrer eigenthüm-
lich krüppelhaften Form wegen, den Namen *Hexenbesen* führen.

Diese auf Nutzpflanzen auftretenden Gebilde sind es vorzugsweise, welche von den ältern Naturforschern und vielen
Landwirthen mit Aufmerksamkeit behandelt, und unter den genannten, oft jedoch promiscue gebrauchten Namen beschrieben
worden sind, zu welchen noch die lateinischen Rubigo, Erysibe,
Aerugo, hinzukommen. Ueber den Bau und die Entwicklung
dieser Pilze ist im ersten Abschnitt ausführlich gehandelt worden; die Botaniker haben bald die Verwandtschaft derselben mit
vielen ähnlichen, auf andern Pflanzen wachsenden erkannt, und
daher alle gemeinsam behandelt, was hier ebenfalls geschehen soll.

Was wir hier Brandpilze nennen, betrachteten die alten
Naturforscher, wie Plinius, Theophrastus Eresius, als
Symptome krankhafter Zustände, kurzweg als Krankheiten der
Pflanzen, weil sie das Auftreten derselben mit Degenerationen,
Mifsrathungen dieser einhergehen sahen, ohne natürlich Studien
über den Bau dieser Degenerationen, der rothen und schwarzen
Flecke machen zu können. Aeufsere Schädlichkeiten, atmosphä-
rische Verhältnisse, Läsionen, wie Insektenstiche u. s. w. wurden
als die Ursache dieser Krankheiten auch noch von Spätern an-
gesehen, und besonders wird, nach Planer[1]) von Tragus, Ta-

---

[1]) De Ustilagine frumenti diss. Tübg. 1709.

bernaemontanus und Rajus recht heifser, stechender Sonnen-
schein nach starkem Regen im April und Mai, als eine Veranlassung
angegeben, indem dadurch die junge, zarte, noch zwischen den
Blattscheiden verborgene Aehre förmlich angebrannt werde. Mal-
pighi[1]) beschreibt verschiedene Aecidien und Uredines als krankhafte Excrescenzen zarter Pflanzentheile, ohne auf ihren Grund
weiter einzugehen; spätere Autoren, wie Duhamel[2]), Tillet[3]),
Tessier[4]), Plenck[5]), reden ebenfalls blofs von dem Brand,
Rost u. s. w. als Krankheiten, und setzen ihre Ursache vorzugsweise in atmosphärische Einflüsse, Wechsel feuchter und trock-
ner Luftbeschaffenheit, dicke, mit schädlichen Stoffen geschwän-
gerte Nebel (»des brouillards chargés de particules nitreuses«
Tillet), oder in eine mangelhafte Befruchtung.

Neben diesen Anschauungsweisen suchte sich aber bald eine
andere Geltung zu verschaffen, welche die Brandpilzsporen für
fremde Körper in den erkrankten Pflanzen, theils als Ursache,
theils als Folge der Krankheit erklärte. v. Münchhausen und
mit ihm Linné im Systema naturae[6]) halten die Ustilagines für
Infusorieneier — Chaos Ustilago Linn.; Aymen[7]) und Girod-
Chantrans[8]) für Thierchen. Die Aehnlichkeit der Brandkörner
mit Pilzsporen, welche schon Planer hervorhebt, veranlafste aber
bald die Autoren, dieselben den Pilzen, und zwar den jetzt als
Gasteromyceten bezeichneten beizugesellen, und man findet daher
bei Linné, der Flora danica, Bulliard u. s. w. viele Aecidineen, Uredines und Ustilagines als Glieder der Gattungen Lyco-

---

[1]) Anat. plantar. p. II, 50 — 53.
[2]) Eléments d'agriculture. (Nach Tessier.)
[3]) Dissertation sur la cause qui corrompt et noircit les grains etc.
Bordeaux 1755. (Nach Tessier.)
[4]) Traité sur les maladies des grains. Paris 1783.
[5]) Physiologie u. Pathol. d. Pflanzen. Wien 1795.
[6]) Syst. nat. Ed. 13. Vindob. 1767. I, p. 1327.
[7]) Rech. sur le progrès de la Nielle. (Mém. des savants étrang. III, 1760)
— nach Tulasne.
[8]) Recherches chimiques et microscopiques. 1802 (nach Léveillé).

perdon und Reticularia aufgeführt, bis Persoon endlich seine Eintheilung in Aecidium, Uredo und Puccinia bekannt machte. Der Anerkennung der Brandkörner als Pilze setzten sich nach Persoon Wenige entgegen; dies schlofs jedoch nicht aus, dafs man sie dennoch für Krankheitsproducte der Pflanzen erklärte, und in gar verschiedenartige Momente ihre Ursache setzte. Schon 1821 meinte Elsner[1]) man könne mit dem, was über den Brand schon Alles geschrieben worden sei, viele Folianten anfüllen, und seitdem hat sich die Litteratur über diesen Gegenstand noch um ein gut Theil vergröfsert. Eine gedrängte Angabe der wichtigsten Meinungsverschiedenheiten und ihrer Vertreter wird daher hier einer ausführlichen Aufzählung aller Ansichten vorzuziehen sein, zumal da der gröfste Theil derselben jeder Begründung durch Versuche und genaue Beobachtungen entbehrt, woher es denn auch kommt, dafs unter der Unzahl von Autoren kaum zwei in ihren Meinungen harmoniren.

Was zunächst die alte Ansicht betrifft, nach welcher die Brandgebilde lediglich *Krankheitssymptome* sind, so sind in neuerer Zeit für dieselben sehr viele Landwirthe und unter den Botanikern Turpin[2]), der sie für pathologisch veränderte Globuline und Schleiden[3]), der sie für krankhafte Zellbildungen hält, aufgetreten.

Unger[4]), von der Ansicht ausgehend, dafs eine Krankheit »ein zweiter, niederer Organismus, dessen Elemente schon in einem höhern verborgen liegen«, sei, ein »Afterorganismus« erklärt nicht nur alle Brandpilze, sondern viele entophytische Hyphomyceten, Xylome und parasitische Lichenen, für Krankheitsorganismen, Krankheiten, gestützt auf vermeintliche Beobachtung ihrer Bildung aus stockendem Pflanzensaft. Ihrer Pilzähnlichkeit

---

[1]) Möglin'sche Jahrb. d. Landw.
[2]) Dans les mémoires du Muséum — nach Léveillé.
[3]) Grundz. d. wiss. Bot. II, p. 34, III. Aufl. 1850.
[4]) Die Exantheme der Pflanzen. Wien 1833. Ueber den Einflufs des Bodens etc. 1836. Beiträge zur vergl. Pathol. 1840.

halber erklärt er sie für »Nachbildungen normaler Pflanzen-
formen.«

Als *Pilze*, aber nichts destoweniger als *Producte krankhafter Zustände* der befallenen Pflanzen werden die Brandarten
von Fries[1]), Wallroth[2]), Meyen[3]) bezeichnet. Die Ursachen,
welche die Krankheiten hervorrufen, werden von den Landwirthen theils in fehlerhafte Düngung, theils in Trockenheit der
Luft und des Bodens, theils in übergrofse Feuchtigkeit, theils
in den Wechsel beider Zustände gesetzt; theils soll schlechter,
feuchtgelegener oder nicht recht reif gewordener Samen die Schuld
tragen, theils alle oder viele dieser Umstände gemeinschaftlich[4]).
Unger und Meyen bezeichnen atmosphärische Einflüsse als
Hauptursache der Brandkrankheiten, ihre Abhängigkeit von einer
Prädisposition der Pflanze nichts destoweniger anerkennend;
Meyen legt besonderes Gewicht auf Feuchtigkeit der Atmosphäre;
Unger nimmt eine Respirationsstörung als Hauptursache an, und
sucht, was hierauf nicht pafst, durch generische und individuelle
Prädisposition der Pflanzen zu erklären; ihm stimmt Wieg-
mann[5]) der Hauptsache nach bei, indem er als Ursachen der
Hautausschläge (Exantheme) üppigen Trieb, überflüssige Feuch-
tigkeit, Zartheit des Zellgewebes, Mangel an Licht, plötzliche
Temperaturveränderungen, und für die Brandarten ähnliche Verhältnisse angibt. Fries und Wallroth setzen dagegen den Haupt-
grund der Brandkrankheiten in eine krankhafte Disposition der
betreffenden Pflanzen, ersterer besonders auf den vielfachen Wider-

---

[1]) Syst. myc. p. 456 u. a. Om Brand och Rost pa Växter. Lund 1819.
Linnaea V. (1830) p. 499. Ueber die Ursachen der Kartoffelseuche; vor-
getr. 1845; a. d. Schwed. v. Hornschuch, in d. Jahrb. d. K. landw. Acad.
Eldena, 2. Bd. Greifsw. 1851 p. 145 u. ff. Summa veget. Scand. p. 509.
[2]) Naturg. d. Mucor Erysiphe Lin. Verhandl. naturf. F. zu Berl. I.
[3]) Wiegm. Archiv. 1837. p. 419. Pflanzenpathol. (1841) p. 98 — 154.
[4]) vgl. z. B. Elsner in Möglin. Jahrb. d. Landw. 1821. Landwirthsch.
Zeitg. 1816, p. 66 etc. Staudinger in Oken's Isis 1832, p. 262. v. Rosenberg-Lipinsky in d. Bericht üb. d. Arb. d. landw. Vereins zu Oels, 1840.
[5]) Die Krankheiten der Gewächse (1839) p. 103 u. ff.

sprüchen in den Erklärungen aus äufsern Schädlichkeiten, dagegen dem unbestrittenen Factum fufsend, dafs auf perennirenden Pflanzen häufig dieselben Brandpilze alljährlich wiederkehren. Die Unpartheilichkeit erheischt hier endlich noch der bis auf den heutigen Tag vielfach verbreiteten Ansicht Erwähnung zu thun, dafs der Rost des Getreides durch die Nachbarschaft des Berberitzenstrauchs verursacht werde, sei es durch diesen an und für sich, oder durch das auf seinen Blättern wachsende Aecidium.

Eine Ansteckungsfähigkeit der Brandkrankheiten läugnen die Vertreter obiger Ansichten entweder gänzlich, oder sie lassen sie dahingestellt sein, auf negative Resultate ihrer oft recht dürftigen Versuche gestützt. Diejenigen dagegen, welche die Brandpilze für *Ursachen* der betreffenden Krankheiten, für wahre *Parasiten* halten, mufsten ihnen natürlich eine Fortpflanzung durch Sporen zuerkennen, und glaubten sich durch eigene oder fremde Beobachtungen dazu berechtigt. Bulliard[1]), Decandolle[2]), Banks[3]), Link[4]), Prévost[5]), Knight[6]), Rudolphi[7]), Douay[8]), Tulasne[9]) und Léveillé[10]) sind hierfür besonders aufgetreten, und haben die Brandpilze für Analoga der Entozoen erklärt. Die Verbreitung der Sporen betreffend, herrscht unter den Autoren keine Meinungsverschiedenheit, wohl aber ist von Anfang an darüber gestritten worden, auf welche Weise der Pilz aus der Spore in das Pflanzengewebe hineinkomme. Während Einige

---

[1]) Champignons de la France, t. I, p. 90.
[2]) Annales du Muséum d'hist. nat. vol. IX (1807). Physiol. végétale vol. III, p. 1435.
[3]) On the disease in Corn called the blight etc. London 1805.
[4]) Obs. in ord. plant. nat. Diss. I (1809) l. c.
[5]) Mémoire sur la cause immédiate de la Carie etc. Montauban 1807 (nach Tulasne).
[6]) Transact. of the horticult. society. London 1817 (vol. 2).
[7]) Linnaea IV (1829).
[8]) Landw. Zeitg. 1816 p. 429.
[9] u. [10]) a. a. OO. Ein hierhergehöriges Werk, welches von Tulasne citirt wird, ist noch: Philippar, traité sur la Carie, le Charbon etc. Versailles 1837.

dies dahingestellt sein lassen, nehmen Banks, Decandolle, Link
die in den Sporen enthaltenen Körnchen als die eigentlichen
Fortpflanzungsorgane an; dieselben sollen aus der geplatzten
Spore entleert werden, und nach Banks durch die Spaltöffnungen, nach Decandolle durch die Wurzelspitzen in die Pflanzen
eindringen, und durch den aufsteigenden Saft an Orte, die ihrer
Entwicklung günstig sind, wie die Fruchtknoten, Blätter u. s. w.
geführt werden. Eine andere Wendung nahm die Sache, als man
die Keimung der Sporen der Brandpilze nachgewiesen und erkannt hatte, daſs sie in Betreff dieser und in ihrer Vegetation,
in der Entwicklung der Sporen aus Myceliumsfäden, welche dem
Schlauch, den die keimende Spore treibt, gleichen, mit den übrigen Pilzen übereinkommen. Der Entdecker der Keimung, B. Prévost, glaubte, der Schlauch, der den Sporen entwächst, theile
sich in viele Molecüle, und diese drängen in die Pflanzen ein;
sein Eindringen als solcher wurde erst durch die Auffindung des
Myceliums wahrscheinlich gemacht. Ueber das Eindringen dieser
Keimschläuche selbst herrschen nun noch verschiedene Controversen; für die Ansicht, daſs sie durch die Wurzelspitzen eindringen, ist nach Prévost und Fée besonders Léveillé[1] aufgetreten, während Corda[2] und Bonorden (l. c.) die Spaltöffnungen der Pflanzen als den Ort, wo dies geschehe, bezeichnen,
die Herren Tulasne endlich sowohl ein Eindringen durch die
Spaltöffnungen, als auch durch irgendwelche andere Theile für
möglich halten, da es constatirt sei, daſs Pilzfäden Zellwandun-
gen durchbohren. — Suchen wir nun nach den vorhandenen
Beobachtungen die Ansichten der Autoren zu beurtheilen.

Zuerst ist es durch die Pathologen, welche auf Beobachtungen und nicht auf haltlose Theorien ihre Ansichten bauen,
längst anerkannt, daſs eine Krankheit ein abnormer Zustand
eines Organismus, keineswegs aber ein Afterorganismus, ein Pa-

---

[1] Im Dict. univ. d'hist. nat. l. c.
[2] Icon. fung. t. III. Aecidium Tussilaginis.

rasit sei. Ein solcher Zustand wird durch allerlei Symptome
charakterisirt, durch verschiedene Ursachen hervorgerufen, und
unter diesen *Ursachen* können auch Parasiten sein, d. h. solche
Pflanzen oder Thiere, welche auf lebenden Geschöpfen existiren,
und ohne diese nicht bestehen können, welche durch den Reiz,
den sie verursachen, durch die Nahrung, die sie dem Wohn-
organismus entziehen, Störungen in dessen Organsfunctionen hervorrufen; diese schwinden, sobald der Parasit entfernt oder ge-
tödtet wird. Zahlreiche Beispiele hierzu liefern die mannigfachen
Ento- und Epizoen des Thierorganismus, die Muscardine, der
Favuspilz [1]. Dafs die Helminthen, die Acariden und andere Thier-
schmarotzer, dafs das Achorion, die Orobanchen, Loranthaceen
und andere parasitische Pflanzen selbständige, aus Keimen erzeugte, und gleiche Keime, wie die, aus denen sie entsprofst,
wiedererzeugende Organismen seien, ist hinlänglich nachgewiesen,
und in das Dunkel, welches die Verbreitung, die Wanderungen
und Metamorphosen der Parasiten theilweise noch umhüllt, haben
die Forschungen der neueren Zeit viele Klarheit gebracht, mit
deren Fortschritt die Annahmen einer Urzeugung, einer Entstehung der Parasiten aus dem Wohn- und Nährorganismus mehr
und mehr zurückweichen mufsten, ja in vielen Fällen gänzlich
des Bodens verlustig gingen.

Die Brandpilze betreffend, ist nun im Obigen gezeigt worden,
dafs sie in dem Wesentlichen ihres Baues, in Entwicklung und
Wachsthum die vollständigste Uebereinstimmung zeigen mit vielen
als selbständig erwiesenen Organismen, welche aus Keimen entstehen, Keime erzeugen, dafs sie eben wirkliche *Pilze* sind.

Es ist für die Pilze im Uebrigen ein Entstehen durch Generatio aequivoca keineswegs nachgewiesen; Nägeli's [2] und

---

[1]) Achorion Schoenleinii Remak, Diagnost. u. pathogenet. Untersuchgn.
p. 205. Vgl. auch Simon, die Hautkrankheiten, 2. Aufl. p. 332.

[2]) Linnaea 1842 (XVI). Nägeli selbst mifst übrigens seiner Untersuchung über Schinzia, in Betreff der Entstehungsgeschichte der Pilzfäden,
keine Beweiskraft bei.

Reisseck's [1]) Untersuchungen stehen die von Schacht [2]) ge-
wichtig entgegen, und während man früher alle Pilze durch
Urzeugung entstehen liefs, hat dieselbe, seit Ehrenberg's [3])
Entdeckungen, desto mehr Haltpunkte verloren, je mehr man
untersuchte und je mehr die Hülfsmittel und Methoden der Untersuchung verbessert wurden. Hier ist nun zu entscheiden, ob
die Brandpilze Parasiten seien, oder Producte krankhafter Zustände, mit andern Worten, ob sie, bei den mit ihrem Auftreten
einhergehenden Störungen im Pflanzenleben, als Ursache oder als
Wirkung anzusehen sind. Im letztern Falle würden sie ein un-
umstöfslicher Beweis für eine Generatio spontanea sein, die Thatsachen aber, auf welche sich die Vertreter dieser Ansicht stützen,
erweisen sich theils als aus Täuschungen, theils aus mitunter
wahrhaft bedauernswerther Theorien- und Analogiensucht her-
vorgegangen. Unger beschreibt die Bildung der Brandpilze als
aus einer durch Transsudation aus den Zellen der Pflanze in die
Intercellularräume getretenen Matrix, einem amorphen Plasma,
aus welchem sich die Pilzsporen bilden sollen, wie der Eiter
aus dem Entzündungsexsudat im Thierkörper. Meyen's Beobachtungen stellen das Vorhandensein einer solchen Matrix schon
entschieden in Abrede; seine Angaben aber über die Bildung
von Cystopus candidus aus krankhaft veränderten Zellen, über die
Entstehung von Ustilago Maydis u. s. w. mufs ich ebenso entschieden als ungenau, auf Täuschung und mangelhafter Präparation beruhend bezeichnen, desgleichen den Umstand, dafs er
das Mycelium vieler Brandpilze als eine »schleimige, orangerothe
Substanz« bezeichnet; wo die Myceliumsfäden nicht auf feinen
Schnitten sogleich erkannt werden, dient Maceration und Frei-
präpariren dazu, sie stets deutlich zur Anschauung zu bringen,
so dafs sie von unbefangenen Beobachtern schon vor vielen

---

[1]) Ueber Entophyten der Pflanzenzelle. In Haidinger's Naturw. Ab-
handl. 1. Band.

[2]) Pflanzenzelle p. 138.

[3]) Epistola de Mycetogenesi N. A. N. C. t. X (1820).

Jahren deutlich erkannt werden mufsten. Die Myceliumsfäden
sind stets das Erste, was in den brandigen Pflanzentheilen gefunden wird, aus ihnen entstehen die Sporen in verschiedener Weise, von ihnen mufs also entschieden werden, wie
sie entstehen, ob und wie sie in die Pflanzen hineinkommen.
Durch ein Zusammenfassen aller zweifellosen, genauen Beobachtungen und Versuche der Autoren wird ein Hineinwachsen derselben in die Pflanzen von Aufsen wenngleich noch nicht absolut
bewiesen, doch fast aufser Zweifel gesetzt; die Punkte, welche
hier ins Auge zu fassen sind, sind die *Keimung der Sporen,*
die Ansteckungsfähigkeit, Erblichkeit der Brandpilze, und *ihr*
Verhältnifs zu den Spaltöffnungen der Pflanzen, welche sie
bewohnen.

    1. Die Sporen der Brandpilze sind, wie oben angegeben
wurde, von einer derben Membran bekleidet, welche selbst häufig noch einen unebenen Cuticularüberzug besitzt, dem Exosporium oder Episporium; diese umschliefst den Inhalt, welcher unmittelbar von einer sehr zarten Membran, dem Endosporium
umkleidet ist, von welchem, seines passiven Verhaltens gegen
Reagentien halber, oft nicht entschieden werden kann, ob es
eine Zellmembran oder ein blofser Primordialschlauch sei. Unter
der Einwirkung von Feuchtigkeit und Wärme beginnt das Endosporium mit seinem Inhalt zu wachsen, und zwar so, dafs es sich,
genau wie die Pollenzelle, schlauchartig nach einer oder zwei
Richtungen hin verlängert, und dabei seinen Weg durch die
oben in vielen Fällen erwähnten Porenkanäle im Episporium
nimmt. Aus jeder Spore scheint in der Regel nur einer dieser
Schläuche sich vollständig zu entwickeln; wo deren anfangs
mehrere austreten (tab. III, 4), bleiben die andern kurz. Es geht
hieraus hervor, dafs die Sporen der Brandpilze entwicklungs-
fähig sind, dafs sie keimen. Der eine der Keimschläuche wächst
in der Weise weiter, dafs mit seiner Spitze der Inhalt immer
mehr fortrückt, der hintere Theil dagegen immer blasser, und
augenscheinlich weniger lebensfähig wird; er zeigt also, über-

einstimmend mit den Keimen anderer Pilze, ein *Spitzenwachs-thum*. Wenn auch die weitere Vegetation dieser Keimschläuche noch nicht direct verfolgt ist, so ist doch so viel gewifs, dafs sie den Myceliumsfäden in allen Stücken gleichen.

Die Keimung der Brandpilzsporen wurde von B. Prévost zuerst beobachtet, und zwar bei Tilletia Caries Tul., Uredo Allii, Rubigo, und Cystopus candidus, bei letzterem Pilz jedoch in der merkwürdigen Weise, dafs aus der Spore im Wasser 5 bis 6 kleine Bläschen austraten, die sich bewegten — eine noch weiter zu untersuchende Erscheinung; zuletzt kamen sie zu Ruhe, und verlängerten sich zu wellig gebogenen Schläuchen. Carron und Vandenhecke haben nach Philippar ebenfalls die Keimung von Tilletia Caries beobachtet. Sehr zahlreiche und exacte Beobachtungen verdanken wir auch hier den Herren Tulasne[1]); die Sporen von Ustilago Carbo trieben bei warmem Wetter im Wasser nach 7—8 Stunden einen Keimschlauch; U. Antherarum bei gleichen Verhältnissen innerhalb 12 Stunden einen zarten Schlauch, der sich alsbald in zwei oscillirende Zellen theilte; aufserdem beobachteten die genannten Autoren die Keimung von Uredo suaveolens, Aecidium Euphorbiae, Puccinia Cirsiorum, bei welcher letztern immer nur eine der beiden Sporen, entweder die obere oder die untere, keimte. Corda (Icon. fung. t. III) bildet keimende Sporen von Aecidium Tussilaginis ab; Bonorden beobachtete den Vorgang bei Ustilago Carbo; ich selbst bei Uredo suaveolens (III, 4), Trichobasis linearis (III, 5), Epitea Ruborum, E. populina.

Dafs die Hauptbedingungen zur Keimung Feuchtigkeit und Wärme sind, geht daraus hervor, dafs sie sowohl im reinen Wasser (nach Tulasne), als auf feuchtem Sande (nach Vandenhecke und Carron), als auf excoriirten saftigen Blättern (nach

---

[1]) Ann. sc. nat. 3. série, t. VII. Die Angaben über Prévost und die beiden andern Beobachter sind dieser Abhandlung entnommen, da mir die Originalwerke nicht zu Gebot standen.

Bonorden's und meinen Beobachtungen) stattfindet, und um so rascher erfolgt, je wärmer die Witterung; im Spätherbst und Winter sind mir alle Versuche mifslungen. Eine Theilung der Keimschläuche in mehrere Zellen wird, aufser den zwei angegebenen absonderlichen Fällen, von keinem Beobachter erwähnt; eine Verzweigung derselben kam mir nur einmal vor, bei noch sehr kurzen Schläuchen, welche die Sporen von Epitea populina in einer feucht gehaltenen Botanisirkapsel getrieben hatten. Der Grund, warum Scheidewandbildung und Verzweigung noch so selten beobachtet wurden, ist wohl ohne Zweifel der Umstand, dafs es überhaupt bisher nur gelungen ist, die Keimschläuche kurze Zeit zu beobachten; bei ihrer sonstigen, durch Dicke, Membran und Inhalt bedingten Aehnlichkeit mit den Myceliumsfäden ist nichts destoweniger der Satz auszusprechen, dafs die Sporen der Brandpilze Keime treiben, welche dem Mycelium gleichen.

2. Die Ansteckungsfähigkeit des Brandes und Rostes hat schon seit langer Zeit viele Beobachter und Autoren beschäftigt, ihrer Wichtigkeit in landwirthschaftlicher Hinsicht wegen. Abgesehen von Denen, welche annahmen, dafs eine Art des Rostes eine andere durch Ansteckung einer differenten Pflanze hervorrufen könne, wie Aecidium Berberidis den Rost des Getreides [1]),

[1]) Man kennt die allgemeine Verbreitung der Ansicht, dafs der Sauerdorn dem Getreide schade. Nimmt man an, dafs der Rost auf diesem durch die Sporen des Aecid. Berberidis erzeugt werde, so widerlegt sich dies dadurch, dafs beiderlei Gebilde himmelweit verschieden sind, was Bau und Entwicklung betrifft. Würden die Sporen keimen, so könnten sie, nach dem allgemeinen Gesetz, nur wiederum Aecidium, nicht aber Trichobasis erzeugen; würden sie nach Art von Contagien wirken, so müfsten sie ebenfalls, wie alle andern, in dem angesteckten Organismus gleiche Krankheit wie die des ansteckenden erzeugen, höchstens mit geringen, durch die Verschiedenheit beider Organismen erzeugten Modificationen. Dafs die Berberissträucher selbst der Grund des Rostes seien, widerlegt sich dadurch, dafs dieser auch in Gegenden auftritt, wo es gar keine Berberis gibt; so nach Léveillé in einigen Theilen von Nordfrankreich und Belgien. Auch sprechen directe Versuche von Hornemann dagegen, nach welchen Getreide rings um B. gesäet, zu wiederholten Malen von Rost frei blieb. (Vgl. Staudinger in Isis 1832, p. 262).

Aecidium Pini die Roestelia cancellata auf Birnbäumen[1]), welche
Ansicht ohne Zweifel ihren Grund in der Unkenntnifs des Baues
dieser Gebilde hat, spricht sich ein Theil der Autoren eben
so entschieden gegen das Vorkommen einer Ansteckung aus,
besonders Fries, Unger, Wiegmann, als Andere mit Bestimmtheit
für dasselbe auftreten. Die Autoren, welche dagegen stimmen,
stützen sich auf negative Resultate ihrer Versuche; Fries gibt
an, dafs häufig Pflanzen ihre Nachbarn nicht anstecken, während
sie selbst von Brandpilzen heimgesucht sind, dafs selbst Pfropf-
reiser von brandigen Bäumen entnommen, zwar selbst wieder
brandige Blätter treiben, ohne jedoch die übrigen Zweige anzu-
stecken. Unger (l. c. p. 336) theilt mit, dafs er vollkommen
reife Sporen von Puccinia asarina auf die Unterfläche *eines* unversehrten und *eines* enthäuteten Blattes von Asarum europaeum
gestreut habe, nachdem er beide befeuchtet; in keinem Fall sei
Ansteckung erfolgt, vielmehr die Blätter im Herbst von Schnecken
aufgefressen worden. Aehnliche Versuche mit Weidenblättern mifslangen ihm ebenfalls. Wiegmann mifslangen Aussaaten von Brandpilzsporen vom Jahre 1809 bis 1820. Gleiches Resultat erhielten
viele Landwirthe, z. B. v. Rosenberg-Lipinsky[2]). Auf die
Mangelhaftigkeit theils dieser Versuche, theils ihrer Mittheilung,
hat schon Meyen[3]) hinlänglich aufmerksam gemacht, und ihnen

---

[1]) In den Mémoires de la société d'agricult. de Caën tom. III, 1830,
wird ein Fall, dafs Birnbäume, in deren Nähe Pinus maritima wuchs und
von Aecidium Pini behaftet war, durch Roestelia zu Grunde gerichtet wurden, von Rosier mitgetheilt, und ein Versuch erzählt, nach welchen beiden
Facten die Ansicht, dafs Aecidien den Rost hervorrufen, wahrscheinlich
werden soll. Der Versuch bestand darin, dafs ein Zweig von Crataegus,
der mit Aecidium bedeckt war, über Roggen und Bohnen stark abgeschüt-
telt wurde; auf diesen entstand Rost, auf jenem keine Krankheit; es ist
hierauf mit Léveillé dasselbe zu erwidern, was in der vor. Anmerkung
gesagt wurde: «on ne voit dans ces faits qu'une simultanéité de développement.«
[2]) Bericht d. patriot.-landw. Vereins zu Oels 1840.
[3]) Pflanzenpathol. p. 114.

eine Beweiskraft abgesprochen; sie scheinen dieselbe um so weniger zu besitzen, als eine grofse Anzahl von Beobachtungen
und Versuchen direct gegentheilige Resultate geliefert hat. Der
so genaue Tessier versichert, dafs er sowohl, als Tillet die
sehr bedeutende Contagiosität des Waizenschmierbrandes (Carie)
durch Versuche bestätigt gefunden habe, und dafs die von letzterem Autor als Ursache der Krankheit angesehenen dicken Nebel
sicherlich bei weitem nicht so gefährlich seien, als die Ansteckung.

Ueber den Flugbrand (Charbon) gibt derselbe Autor[1] folgende Experimente an:

a) Hafer, von einem stark mit Flugbrand heimgesuchten
Acker, wurde auf 50 Ruthen Land gesäet; mindestens der sechste
Theil des Ertrags wurde brandig. Von demselben Samen wurde
ein anderer Theil, mit Kalk und Lauge gebeizt, auf 10 Ruthen
gesäet, und unter dem ganzen Ertrag nur 6 brandige Aehren
geerntet.

b) Gerste und Hafer, beide von stark mit Flugbrand behafteten Feldern geerntet, wurden auf 6 gleichgrofse Landstücke
unter folgenden Verhältnissen gesäet:

1) Gerste, stark mit Kalk gebeizt ⎫
2) Hafer, ebenso ⎬ keine Brandähre geerntet.

3) Gerste, mit Kalk behandelt, dann gewaschen, trocken mit
   Brandstaub bestreut, lieferte 15 Brandähren.
4) Hafer, eben so präp., Ertr. 20 „
5) Gerste ohne Präp. lieferte 53 „
6) Hafer ebenso gab 40 „

v. Gleichen[2] theilt folgende Versuche über den Waizen-
schmierbrand mit:

---

[1] Traité des maladies des grains p. 321 u. f.
[2] Auserlesene mikroskop. Entdeckgn. Nürnbg. 1781.

8*

a) Haberwaizen, im Herbst 1777 ausgesäet, gab:

	Gute Aehr.	Brandähr.
Nafsgemacht und mit Brandstaub bestreut	178	176
Nafs gesäet	340	3
Trocken und rein gesäet	300	3

b) Glatter Waizen, im Herbst in den Garten gesteckt:

Nafsgemacht und mit Brandstaub bestreut	40	59
Trocken mit demslb.	102	35
Rein und trocken	89	1

c) Glatter W., im Herbst ausgesäet:

Nafs und mit Brandst. bestr.	48	14
Nafs gesäet	82	9
Rein und trocken gesäet	106	5

d) Sommerwaizen, im Frühling gesäet:

Nafs und mit Brandst. vom Sommerwaizen	339	188
Nafs, mit Brandst. von der Gerste . .	168	234
Ebenso, mit Rost von der Gerste . .	203	—
Nafs und rein gesäet	198	4
Trocken und rein	102	—

Decandolle[1]) führt folgende Versuche an:

Nach B. Prévost gab Korn, mit Brandstaub (Carie) behandelt, dann mit Kupfervitriol 1 Brandähre auf 4000.

Ohne Kupfervitriol 1 „ auf 3

Ohne alle Behandlung mit Brand oder Beize 1 auf 150.

Nach Plathner gab brandiger Waizen von 1000 Körnern:

Durch Schwingen gereinigt:	422	Brandähren.
Mit reinem Wasser gewachen:	116	„
Mit Kalk gebeizt	68	„
Mit Kupfervitriol	28—31	„

---

[1]) Physiol. végétale p. 1452. Citirt werden dorl: Prévost, dans le Receuil agron. de Tarn- et Garonne I (1820). Plathner, in den Neuen Jahrb. d. Landw. V, 4.

Fée [1]) nahm, um sich von der Fortpflanzung der Brandpilze zu überzeugen, drei gleichartige, nie von Rost befallene Rosenstöcke; jeder wurde in einen besonderen Kasten gepflanzt, alle drei unter denselben Verhältnissen cultivirt. Es wurde nun gegen Ende des Winters die Erde des einen mit rostigen Rosenblättern vermischt; über dem zweiten wurde ein anderer Theil solcher Blätter tüchtig ausgeklopft, um die Uredosporen abzuschütteln, als jener in voller Entwicklung und der Blüthe nahe stand; eine dritte Partie rostiger Blätter wurde in Wasser gethan, mit welchem der dritte Rosenstock begossen wurde. Bis zum Herbst zeigten alle 3 Stöcke keine Veränderung; dann aber bedeckten sich die Blätter des ersten mit Uredo, die beiden andern blieben bis zum nächsten Jahr frei.

In den Möglin'schen Jahrbüchern der Landwirthschaft von 1836 wird eine grofse Veruchsreihe eines englischen Beobachters wiedergegeben, betreffend die Ansteckungsfähigkeit des Waizenbrands und ihre Verhütung durch Beizen. Es wurden

Ausgesäet:	*Geerntet*:	
	Gute Aehr.	Brandähr.
1) Waizen ohne Vorbereitung	806	2
2) 400 Körner mit Brandstaub bestreut .	210	463
3) 400 K. mit Br. bestr., mit Urin gewaschen	560	106
4) 400 K. ebenso, mit Urin u. Kalk gewaschen	700	60
5) 400 K. ebs., mit Kalkwasser u. Arsen gew.	600	44
6) 400 K. ebs., mit (Eisen?-) Vitriol, Wasser und Kalk behandelt	635	40
7) 400 K. ebs., mit trocknem Arsen gerieben	588	146
8) 400 K. ebs., in Kupfervitriol, Wasser und Kalk getaucht	205	445

Die Versuche 9) u. 10) lasse ich, als nicht recht verständlich mitgetheilt, weg.

---

[1]) Essai sur les cryptogames des écorces exot. officin. I (1824), p. XIV.

Ausgesäet:	*Geerntet:*	
	Gute Aehr.	Brandähr.
11) 200 gesunde K. mit Brandst. imprägnirt, ohne weitere Zubereitung	67	375
12) 200 K. ebs., mit Urin u. Kalk behandelt	374	43
13) 200 K. ebs., mit Arsenik u. Kalk . .	443	44
14) 200 K. ebs., mit trocknem Arsen gerieb.	347	43
15) 200 K. ebs., mit Vitriol, Wasser u. Kalk	430	40
16) 200 K. ebs., mit Kupfer, Wasser, Kalk	260	190

Aufser diesen *Versuchen* werden noch eine Anzahl *Beobachtungen* mitgetheilt, welche deutlich für eine Ansteckung, für eine Fortpflanzungsfähigkeit sprechen.

Link [1]) sah von einem Birnbaum aus alle benachbarten nach und nach durch Roestelia afficirt werden, während andere, in entferntern Theilen desselben Gartens, frei blieben. W. Douay [2]) sah Bohnen so lange gesund bleiben, bis man Stangen von rostigen Bohnen zu ihnen steckte; er fand aber in den Ritzen und Spalten dieser Stangen grofse Mengen von Uredosporen. Aehnliches wie Link beobachteten Knight [3]) u. A.

Halten wir diese Versuchsreihen mit den von Fries, Unger, Wiegmann mitgetheilten zusammen, so leuchtet ein, dafs dieselben bei weitem mehr auf Genauigkeit und Vollständigkeit Anspruch machen können. Es ist aber auch keinem Zweifel unterworfen, dafs in solchen Fällen ein positives Resultat, sobald es mit Sicherheit feststeht, weit mehr Werth hat, als viele negative, da solche durch allerlei Widerwärtigkeiten, deren Controlirung nicht in der Macht des Beobachters liegt, hervorgerufen werden können. Die grofse Reihe genau angestellter und mitgetheilter Versuche sowohl solcher Beobachter, welche von Brandkrankheiten, als auch solcher, welche von Brand-

---

[1]) Obs. in ord. nat. Diss. I. l. c. p. 5.
[2]) Landw. Zeitg. 1816.
[3]) Transactions of the hortic. society. at London. vol. 2 (1817).

pilzen reden, berechtigt uns daher, den Satz als bewiesen anzusehen, dafs den Brandpilzen Fortpflanzungsfähigkeit zukommt,
und zwar durch den »Brandstaub«, ihre Sporen, deren Keimung
oben geschildert wurde. Aus den Versuchen von Tessier, von
Gleichen, Prévost, Plathner und des englischen Beobachters geht
aber ferner hervor, dafs desto mehr Brandähren geerntet wurden, je mehr Sporen zugegen waren, nämlich mehr, wenn die
Getreidearten mit Brandsporen einfach gesäet, als wenn diese
durch Waschen vor der Aussaat theilweise entfernt, durch Beizen theilweise gar zerstört worden waren. Mag das Anfeuchten
der mit Brandstaub bestreuten Samen, welches Einige vornahmen, auch nur das Anhaften der Pilzsporen erleichtern, so
wissen wir jedenfalls, dafs die Feuchtigkeit, welche ein Haupt-
bedingnifs ist zur Keimung der Sporen, dem Boden, in welchen
diese gesäet werden, besonders im Frühling und Herbst durch
Regen u. s. w. in grofsem Mafse zugeführt, von jenem begierig
eingesogen wird, und dafs die andere Bedingung zur Keimung,
Wärme, in diesen Jahreszeiten auch in der Regel nicht fehlt.
Es ist daher anzunehmen, dafs die Sporen nach der Aussaat
keimen, und ich habe dazu um so mehr Grund, als ich im Spätherbst am Grunde rostiger Grashalme grofse Mengen von leeren
Sporenhäuten der Trichobasis linearis fand, und zwar nicht etwa
solche, die geplatzt, zerstört, sondern solche, welche mit Ausnahme der geöffneten Porenkanäle vollständig wohl erhalten waren.

Das Resultat der vorliegenden Betrachtungen ist daher dahin
auszusprechen, dafs die Brandpilze sich fortpflanzen, dafs diese
Fortpflanzung durch Keimung ihrer Sporen geschieht, indem
Versuche gezeigt haben, dafs je mehr Sporen keimen können,
desto mehr Brandpilze entstehen, wenn sie einen zur Entwicklung günstigen Träger finden.

3. Es ist bekannt, dafs Brandpilze nur an grünen Theilen
der Pflanzen vorkommen, einige wenige Ausnahmen[1]) abgerechnet,

[1]) Peridermium Pini Lk. Ustilago hypogaea Tul., Fungi hypog.

und es steht nicht minder fest, dafs ihr Auftreten in der Mehrzahl der Fälle an solchen Stellen beobachtet wird, an welchen
Spaltöffnungen gefunden werden. Die einzelnen Ausnahmen von
dieser Regel, wie z. B. das Auftreten von Aecidien an den Früchten
von Berberis, denen keine Poren zukommen, sind insofern, meines
Erachtens, von wenigem Gewicht, als doch stets sehr nahe bei
solchen porenlosen Orten Stomata gefunden werden; so an den
Blüthenstielen von Berberis, bis dicht unter den Fruchtknoten,
so dafs etwa eindringende Keime von jenen aus einen nur sehr
kurzen Weg bis in letzteren zurückzulegen haben. Die Regel
selbst aber bestätigt sich fast in allen Fällen, die zur Untersuchung kommen, und wurde durch Ungers[1]) genaue Untersuchungen bei 173 Pflanzen aufs schönste nachgewiesen. Es
liegt daher nahe, anzunehmen, dafs die Keime der Brandpilze
durch die Spaltöffnungen in das Gewebe der Pflanzen eindringen,
was auch Corda und Bonorden bestimmt behaupten; dafs sie
überhaupt eindringen, wird durch die Aehnlichkeit des Keim-
schlauchs mit den Myceliumsfäden im Innern des Pflanzengewebes
mehr als wahrscheinlich. Directe Beobachtungen über diese Vorgänge liegen noch keine vor; denn Corda's Angaben, dafs er
im Wasser entstandene Keimschläuche des Aecidium Tussilaginis
in die Poren der Huflattigblätter eindringen sah, kann ich defshalb nicht vertrauen, weil er den ganzen Keimungsact im Uebrigen nicht mit erschöpfender Genauigkeit beschreibt und abbildet,
weil aber ohne solche Täuschungen hier gar leicht vorkommen
können. Daher die vielfach divergirenden Ansichten über diesen
Punkt, auch bei den Autoren, welche von einer Bildung der
Brandpilze durch Generatio spontanea nichts wissen wollen. Der
Annahme von Banks, dafs die Körnchen des Sporeninhalts durch
die Spaltöffnungen aufgesogen würden, entgegnet Decandolle,
dafs diese Organe nicht aufsaugen, sondern ausscheiden, welcher
Einwurf aber dadurch wegfällt, dafs die Keimschläuche selbst

---

[1]) Die Exantheme, p. 98—137.

wachsen, und ihren Weg allein finden können. Diese Keimschläuche sind es auch, welche Decandolle's eigene Ansicht, dafs die Körnchen, die in den Sporen enthalten sind, von der Wurzel aufgesogen und dann, durch den aufsteigenden Saft, an zu ihrer weitern Entwicklung passende Orte geführt würden, entkräftet, denn sie zeigen, dafs diejenigen Gebilde, welche Decandolle für Sporenbehälter hielt, selber Sporen, die Körnchen nur Theile des Inhalts dieser sind.

Halten wir uns also an die Keimschläuche, als die aus den Sporen, durch welche, wie obenstehende Beobachtungen gezeigt haben, eine Fortpflanzung der Brandpilze bewirkt wird, unmittelbar und unter den Bedingungen, nach deren Eintreten Brand und Rost gar häufig beobachtet werden, entstehenden Gebilde, welche den in den Pflanzen vorfindlichen Myceliumshyphen vollständig gleichen, so sind über ihr Eindringen ins Innere der Gewebe drei Ansichten geltend gemacht worden. Die Herren Tulasne sind der Meinung, dafs dieselben durch alle Zellwände ohne beträchtliche Verdickungsschichten dringen könnten, da ein Durchwachsen von Pilzfäden durch solche ja anderweitig mit Sicherheit nachgewiesen sei [1]. Léveillé [2] stimmt der früher schon von B. Prévost geltend gemachten Meinung bei, dafs die Keime durch die Wurzeln in die Pflanzen gelangten, und im Frühling, wenn das Aufsteigen des Saftes recht lebhaft sei, zu den grünen Theilen hinaufwüchsen. Die Gründe, welche Decandolle gegen Prévost's Ansicht beibrachte, dafs nämlich die Keimschläuche zu zart seien, um die Wurzelspitzen zu durchwachsen, widérlegen allerdings die Beobachtungen, auf welche auch die Herren Tulasne ihre Ansicht stützen; allein aus dem oben mitgetheilten Experiment von Fée scheint mir die Nothwendigkeit der Léveillé'schen Meinung nicht unbedingt zu folgen. Denn der Umstand, dafs der Rosenstock, mit dessen Erde die Sporen gemengt waren, zuerst,

---

[1] vgl. hierüber z. B. Schacht, die Pflanzenzelle, p. 138, t. VI, fig. 13.
[2] Dict. univ. d'hist. nat. l. c.

die beiden andern erst ein Jahr später vom Rost befallen wurden, kann ebensowohl dadurch erklärt werden, dafs jenen Sporen durch die Bodenfeuchtigkeit eher Gelegenheit zum Keimen geboten wurde, als bei der andern Behandlung; es kann ferner der Fall sein, dafs die Keime der Sporen in bereits vollständig entwickelte Organe nicht mehr eindringen, und defshalb bei den beiden andern Rosenstöcken bis zur nächsten Entwicklungsperiode warten mufsten, um sich zu vollständigen Pilzen ausbilden zu können. Letzteres scheint mit ziemlicher Sicherheit daraus geschlossen werden zu können, dafs kein einziger Versuch bekannt ist, bei dem es gelungen wäre, Brandpilze in ausgebildete Organe zu bringen, und dafs alle Beobachtungen darthun, dafs die von diesen Pilzen bewohnten Pflanzentheile dieselben schon in sehr jungen Zuständen zeigen. Der Beweis, den man für das Eindringen der Pilze durch die Wurzel aus ihrem zuweilen beobachteten Verschwinden nach Verpflanzung eines Brandpilze tragenden Gewächses, oder daraus genommen hat, dafs manche Pflanzen, welche, in besonderer Erde in die Nähe rostiger gestellt, später angesteckt wurden, als solche, die mit diesen in demselben Boden wurzelten, wird von Léveillé selbst nicht anerkannt, indem derselbe, neben einer Anzahl gleicher Erscheinungen, doch auch in andern Fällen gerade das Gegentheil beobachtet hat. Ein Umstand aber, welcher direct gegen Léveillé's Ansicht zu sprechen scheint, ist der, dafs es noch nie gelungen ist, die Myceliumsfäden in andern Pflanzentheilen nachzuweisen, als denen, welche auch die Sporenlager entwickeln. Bei den Aecidien besonders, welche in Flecken auftreten, finden sie sich nur in dem Fleck selbst und seiner allernächsten Umgebung; bei Aecidium Euphorbiae, wo sie im ganzen Blattparenchym umherwuchern, konnte ich weder im Blattstiel, noch im Stengel je eine Spur davon finden. Es spricht dies vielmehr für die dritte Ansicht, welche Corda und Bonorden vertreten haben, dafs nämlich die Pilze von der jedesmaligen Epidermis aus, und zwar wahrscheinlich durch die Spaltöffnungen in das Innere der Pflan-

zentheile hineinwachsen. Lassen wir auch die Corda'sche Beobachtung, die dies direct beweisen soll, aus dem angegebenen
Grund bei Seite, so wird es doch noch durch verschiedene andere Verhältnisse durchaus wahrscheinlich. Diejenigen Brandpilze,
welche in die Pflanzentheile, die sie bewohnen, tiefer eindringen,
nicht unmittelbar unter der Epidermis, sondern im Innern des Gewebes vegetiren und reifen, zeigen deutlich der Oberhaut zunächst
stets die ältern, am weitesten von dieser entfernt, die jüngsten
Entwicklungszustände; aufsen z. B. schon reife, innen kaum an-
gelegte Sporen, und zwischen diesen beiden Extremen eine vollständige Uebergangsreihe; dies habe ich an den Beulen der Maispflanzen, welche Ustilago Maydis bewohnt, und an Protomyces
macrosporus in den Blattstielen von Aegopodium in vielen Fällen
zu finden Gelegenheit gehabt. Ich fand ferner aufsen auf der
Epidermis der untern Fläche frischer junger Blätter von Rhamnus Frangula, an Zweigen, deren ältere Blätter Aecidium crassum
trugen, zahlreiche Pilzfäden, die denen eines Aecidienmyceliums
gleich sahen — allerdings ohne ihren Eintritt in Stomata zu
sehen; dagegen fand ich in einer ganz jungen Pustel eines jungen Maisstengels, an dem sich die ersten Spuren von einer Usti-
lagowucherung zeigten, wie schon erwähnt, mehrere Pilzfäden,
denen des Ustilagomyceliums völlig gleichsehend, von einer Spaltöffnung aus in das Parenchym hineingewachsen. (Vgl. oben, S. 5).

Es scheint mir schon aus diesen Umständen aufser Zweifel
zu sein, dafs die in Rede stehenden Pilze von der Epidermis
aus, nicht von der Wurzel her in die betreffenden Gewebstheile
hineingelangen; das Vorkommen von Ustilago-Arten auf, nicht
in Pflanzentheilen, von Léveillé und Decaisne bei U. receptaculorum auf den Blüthentheilen von Tragopogon pratensis, von
Meyen zuerst bei U. Hypodytes innerhalb der Blattscheiden des
Elymus arenarius beschrieben, stellt für diese Gewächse wenigstens die Thatsache vollkommen fest, dafs die betreffenden Sporen auf der Epidermis sich entwickeln, nicht unter dieser im
Parenchym aufsteigen; denn die Zellen derselben sind stets un-

versehrt. Dafs die Keime durch die Spaltöffnungen eindringen, nicht aber die Wände der Epidermiszellen perforiren, wird dadurch wahrscheinlich gemacht, dafs die Pilze stets wenigstens in der Nähe von jenen gefunden werden, dafs ihr Mycelium häufig, allerdings nicht immer, zuerst da zu Sporenlagern sich verwebt, wo sie sich befinden, dann nach der andern Seite des Blattes weiter wächst, um dort ein neues Stroma unter der Epidermis zu bilden (z. B. sehr häufig bei Uredo Phaseoli, appendiculata); meine Beobachtung beim Maisbrand spricht direct dafür, ebenso der Umstand, dafs es bis jetzt noch nicht gelungen ist, solche perforirte Epidermiszellen zu finden. In Fällen, wie bei Ustilago hypogaea Tul. kann allerdings der Pilzfaden nicht durch Spaltöffnungen dringen, weil an den Wurzeln keine vorhanden sind; gegen obiges Raisonnement kann dies jedoch kein Einwand sein, da es sich darin um grünende Pflanzentheile handelt, die mit einer festen Epidermis bedeckt sind.

Als Resultat dieser Betrachtungen sind also die Brandpilze für *parasitische Gewächse* zu halten, welche aus Sporen entstehen, deren Keime in das Gewebe anderer Pflanzen eindringen, und zwar wahrscheinlich in der Regel durch die Spaltöffnungen, als dem leichtesten Eingang; welche alsdann im Innern der Nährpflanze sich weiter entwickeln, ihre Reproductionszellen, Sporen, in verschiedener Weise bilden, und mit Vollendung dieser schliefslich in der Regel die Epidermis durchbrechen; in seltneren Fällen entwickeln sie sich nicht in, sondern auf der Nährpflanze.

Mit dieser Ansicht stehen meines Erachtens alle sichern Beobachtungen im Einklang. Man kann sagen, dafs auch an ganz trocknen Orten Brandpilze gefunden werden, und an solchen doch die zur Keimung nöthige Feuchtigkeit nicht geboten sein dürfte; allein der Regen, welcher im Herbst fällt, der Schnee, den die Frühlingssonne schmilzt, liefern sicherlich Feuchtigkeit genug, und sind die Keime erst gebildet, so kann ein Blatt, eine Erdscholle, und was sonst noch den Boden bedecken mag, sie hinlänglich vor Austrocknung schützen, so lange, bis sie einen gün-

stigen Ort zur Weiterentwicklung finden, oder können sie, auch nach
dem Eintrocknen, wieder aufleben, sobald wieder Wasser geboten wird, was ja kein vereinzelter Fall im Pflanzenreich wäre.

Ebensowenig ist das plötzliche Auftreten eines Brandpilzes
in einer Gegend, wo man ihn früher selten oder nie beobachtet,
ein Einwand. Wer einen solchen Pilz, welchen Namen er auch
führen mag, nur einmal oberflächlich betrachtet hat, der kennt
die ungeheure Menge von Sporen, die in einem einzigen Hymenium entstehen, die Menge der Hymenien, die zumeist gesellig
vorkommen, und die Kleinheit der Sporen, welche sie leicht
von jedem Luftzug, von jedem aufsteigenden Wasserdampf fort-
führen läfst, wie denn ja auch Pilzsporen selbst in Schneeflocken
in unglaublicher Menge gefunden wurden [1]), welche sie ferner
aber auch, bei einigermafsen günstigen Umständen, in jeder Rin-
denspalte, an Knospenschuppen, Samenkörnern etc. etc. leicht anhaften läfst, was ja in der That auch von andern Pilzsporen
jeden Tag beobachtet werden kann, von denen der Brandpilze
aber ebenfalls feststeht [2]). So können alle Umstände, die auch
zur Verbreitung anderer Sporen und Samen beitragen, die den
Pollen der Dattelpalme meilenweit auf die weiblichen Blüthen
hin führen, Alles was auf der Erde bewegt und sich bewegt,
unzählige Brandpilzsporen nach allen Richtungen hin verbreiten,
welche überall da keimen, wo ihnen die nöthigen Bedingungen
gegeben sind. Der Umstand, dafs an Gräben, Rainen, in Schluchten
gerade oft so viele und so vielerlei Brandpilze gefunden werden [3]), erklärt sich in dieser Weise sehr leicht daraus, dafs die
Sporen leicht vom Wind, von Regenströmen an solche Orte geführt, schwer dagegen wieder entfernt werden, und dafs ihnen
hier die Bedingungen zur Keimung vielleicht in reichlicherem

---

[1]) von Rabenhorst (Flora 1849, p. 129).

[2]) vgl. W. Douay, in d. Landw. Zeitg. f. 1816, p. 429. Er fand Sporen
von Brandpilzen in grofser Menge in den Rindenspalten und an den Knospenschuppen von Rosen, Berberis etc.

[3]) vgl. Unger, d. Exanth. p. 237.

Mafse geboten sind, als anderswo. Dafs hohe Bäume seltner befallen werden als ihre niedern Schöfslinge, ist defshalb natürlich,
weil die Sporen in der Höhe leichter vom Wind weggetragen
werden, als an geschütztern, dem Boden nähern Orten. Eine
durch Vollsaftigkeit gesetzte Prädisposition hier anzunehmen, ist
reine Willkür; die atmosphärischen Verhältnisse aber haben allerdings Einflufs, in so weit sie die Verbreitung und Keimung der
Sporen begünstigen oder hemmen, nicht aber die Säfte der Pflanzen irgendwie verändern, denn die Brandpilze entstehen keineswegs aus Saftcoagulis.

Die mit der Reihenfolge der Organe einer Pflanze, also z. B.
mit der Spirale der Blätter fortschreitende Entwicklung der Entophyten ist kein Grund, sie für Producte dieser zu halten; denn
was sich zuerst bildet, wird natürlich eher von dem Pilz, der
einmal vorhanden ist, in Beschlag genommen werden, als später
sich entfaltende Theile, und der Pilz wird da, wo er zuerst ein-
gedrungen ist, auch zuerst seine Entwicklungen durchmachen,
und früher als in den andern Theilen vollendet haben.

Wenn Unger[1] die »generischen« und »individuellen« An-
lagen zur Exanthembildung in gröfsere Lebendigkeit der Ath-
mung, verbunden mit der entsprechenden zartern Organisa-
tion setzt, und anführt, dafs Pflanzen mit lederartigen derben
Blättern, so wie die sogenannten Fettpflanzen, indem sie eine
minder lebhafte Respiration zeigten, auch seltner von »Exan-
themen« befallen würden, so stimmt damit durchaus nicht, dafs
unter der geringen Anzahl derartiger Gewächse, welche die Flora
des mittleren Europa, von der hier, als der genauest beobachteten, allein die Rede sein kann, aufzuweisen hat, doch eine verhältnifsmäfsig beträchtliche Menge solcher sich befindet, welche
von Parasiten aus der Gruppe der Uredineen und Aecidineen
bewohnt werden. Unger selbst gibt an, dafs derartige Pilze beobachtet sind auf Vaccinium Myrtillus, uliginosum, Vitis Idaea,

---

[1] l. c. p. 143.

Pyrola rotundifolia, secunda, uniflora, Empetrum, Rhododendron,
Ledum palustre, Buxus sempervirens, Pinus Picea, Abies, sylvestris, Juniperus Sabina, communis; — auf 3 Semperviven, Sedum
reflexum, Umbilicus pendulinus. Es ist hierüber nichts weiter
zu bemerken, als daſs es eine höchst merkwürdige Art der Be-
weisführung ist, daſs man sich zuerst für berechtigt erklärt, einen
Satz auszusprechen, und dann Thatsachen beibringt, welche sein
directes Gegentheil darthun. Von der »Prädisposition« junger
Triebe, kräftiger Schöſslinge u. s. w. ist schon die Rede gewesen.

In anderer Hinsicht ist aber einer generischen und specifi-
schen Anlage, wenn man das Ding so nennen will, das vollste
Recht zuzuerkennen, ohne daſs dieselbe jedoch mit den obigen
Auseinandersetzungen im Widerspruch stünde. Es ist über allen
Zweifel erhaben, daſs gewisse Entophyten nur auf ganz bestimmten Pflanzenspecies, Genera, Familien vorkommen, wie die
Peridermien, Aecidium columnare, die Roestelien, gewisse Epiteen,
Protomyces macrosporus, Uredo Rubigo, Ustilago Hypodytes, longissima, und viele andere. Allein es ist dies kein anderes Ver-
hältniſs, als das, welches sich bei Parasiten überhaupt, mögen
sie dem Thier- oder Pflanzenreich angehören, findet, und welches die Analogie zwischen den Brandpilzen und Entozoen, die
schon Decandolle klar hervorhob, recht deutlich macht. Viele
phanerogame Schmarotzer sind bekannt, welche nur auf einer
oder einigen nahe verwandten Nährpflanzen leben; desgleichen
haben viele Thiere ihre ganz speciellen und exclusiven Flöhe
und andere Epi- und Entozoen[1]); und doch weiſs man recht
gut, daſs die alte Meinung, daſs Läuse aus dem Körper durch
Urzeugung entstehen, eine Fabel ist, und lernt täglich besser
einsehen, daſs alle diese Parasiten nicht Störungen in den Functionen irgend eines Organs ihres Wohnthiers ihr Dasein verdanken, sondern umgekehrt höchstens ihrerseits Ursachen solcher
Störungen werden können.

[1]) vgl. v. Siebold in R. Wagner's Handw. d. Physiol. II. Art. Parasiten.

Wie es aber andrerseits unter den thierischen Parasiten und
den phanerogamen Schmarotzerpflanzen viele gibt, die weniger
wählerisch, und mit den differentesten Wohnorganismen zufrieden
sind, so scheint auch eine Anzahl von Brandpilzen fast überall
zu Hause zu sein. Als sicheres Beispiel kann hier nur das von
Léveillé angegebene des Uromyces appendiculatus genannt werden, denn im Uebrigen hat man ja die Brandpilze hauptsächlich
nach den Gewächsen, auf denen sie vegetiren, unterschieden;
allein bei genauern Untersuchungen und Versuchen wird sich
ohne Zweifel herausstellen, dafs manches bisher Getrennte zu-
sammengehört, was ich schon jetzt für die meisten Coleosporien,
die Cystopus-Arten und viele Aecidien behaupten mögte. —
Was endlich die von verschiedenen Autoren ausgesprochene Ansicht betrifft, dafs je höher eine Pflanzenfamilie im Systeme stehe,
desto höher auch die Exantheme organisirt seien, die auf ihr
vorkommen, so wird eine einfache Vergleichung der im ersten
Abschnitt mitgetheilten speciellen Untersuchungen mit den in den
systematischen Werken angeführten Nährpflanzen der verschiedenen Brandpilze jeden Unbefangenen überzeugen, dafs sie rein
aus der Luft gegriffen, und daher einer ausführlichern Bespre-
chung nicht bedürftig ist.

Die Erblichkeit der Brandkrankheiten ist ein unbestrittenes
Factum. Aus Samen von brandigen Pflanzen entstehen in der
Regel wiederum solche, und perennirende Gewächse zeigen meistens alljährlich denselben Brandpilz wieder, wenn sie erst einmal davon befallen sind. Bei einjährigen Pflanzen ist kein Zweifel,
dafs die Brandpilze, welche sie bewohnen, jedesmal neu aus
Sporen entstehen; bei perennirenden dagegen hat man die Ansicht ausgesprochen, dafs das Mycelium derselben ebenfalls in
dem Gewebe der Pflanzen auf eine allerdings unbekannte Weise
perenniren müsse. Dafs dies nicht der Fall sei, schliefse ich
daraus, dafs die Brandpilze eben nur an circumscripten Stellen
vorkommen, dafs ihr Mycelium nur in den Theilen gefunden
wird, welche auch die Sporenlager tragen, dafs man es daher

in vielen Stengeln etc. vergebens sucht, wie schon gezeigt wurde. Die Theile aber, auf denen die Brandpilze leben, sind in der überwiegenden Mehrzahl der Fälle solche, deren organische Functionen nach Ablauf eines Vegetationscyclus erlöschen, welche im Herbst absterben und verwesen; was dabei aus dem Pilzmycelium wird, ist ungewifs. Wenn dieses aber auch, nachdem der Pilz seine Sporenbildung vollendet hat, nicht abstirbt, so ist doch soviel gewifs, dafs es nach Zerstörung seines Wohnorts sich einen neuen suchen, dafs es von Neuem in junge grüne Pflanzentheile eindringen mufs, um weiter zu vegetiren, dafs also hier gar kein Unterschied stattfindet zwischen einem ältern Mycelium und einem neu aus der Spore entstandenen Keim; das Mycelium der Ustilagineen aber mufs jedes Jahr neu aus Sporen erzeugt werden, da dasselbe jedes Mal durch die Sporenbildung vollständig verschwindet. Es ist sonach die Erblichkeit der Brandkrankheiten nicht nur kein Grund gegen ihre Fortpflanzung durch Sporen, sondern sie wird im Gegentheil durch diese leicht erklärt; sie ist durch das leichte Anhaften der Sporen an Rinde, Knospen u. s. w., die Verbreitung der Brandpilze durch das ebenso leicht bewerkstelligte Zerstreutwerden derselben bedingt. Ein Perenniren des Myceliums ist allerdings möglich, doch wenig wahrscheinlich, und zur Erklärung der Erblichkeit nicht nothwendig. Somit ist es klar, dafs diejenigen sichern Beobachtungen, welche zur Begründung der Ansicht dienen sollten, die Brandpilze entstünden von selbst, durch krankhafte Disposition der Nährpflanze, mit der unsrigen, dafs sie wahre Parasiten seien, nicht im Widerspruch stehen.

Es mag hier der Ort sein, noch ein anderes Verhältnifs zu besprechen, welches bei Brandpilzen häufig beobachtet wird, und zu verschiedenen Meinungen Anlafs gegeben hat. Der Umstand, dafs häufig zwei und mehr verschiedene Pilze meist unmittelbar nach einander auf ein und demselben Pflanzentheil, oft auf ein und derselben Stelle desselben gefunden werden, hat zu der Ansicht geführt, dafs dieselben sich gegenseitig bedingen, als noth-

wendige Vorläufer und Nachfolger, eine Ansicht, welche, abgesehen von der haltlosen Meinung Eysenhardt's und Schwabe's,
dafs die Phragmidien aus den Uredosporen entständen, von Unger
vertreten wird. Das so häufige Auftreten einer Uredinee im Sommer,
einer Phragmidiacee im Spätsommer, in ein und derselben Pustel
— z. B. Trichobasis linearis, Rubigo — Puccinia graminis, coronata; Trichobasis Leguminosarum — Uromyces; Epitea Ruborum,
Rosarum — Phragmidium, und viele andere solche Fälle haben
dazu Veranlassung gegeben, da man die Pusteln für eine Matrix,
die Sporen für Producte hielt, welche nach einander aus dieser
entständen. Diese Ansicht mufste jedoch durch die Auffindung
der Myceliumsfäden beseitigt werden, und Corda erklärte daher
zuerst viele Puccinien und die Phragmidien für Secundärparasiten
auf den Uredines. Sein Beweis dafür ist hauptsächlich auf die
vermeintliche Beobachtung, dafs die Phragmidien nie rein, sondern stets mit Sporenträgern der Epiteen gemischt vorkämen,
gegründet, und fällt defshalb ganz weg, weil Corda die Paraphysen, welche Epitea und Phragmidium besitzen, als Sporenträger beschreibt und merkwürdiger Weise auch mit oben aufsitzenden Sporen abbildet[1]), also in hohem Grade ungenau beobachtet hat. Auch Léveillé ist der Ansicht, dafs die mit den
Uredines constant auftretenden Phragmidiaceen Parasiten auf diesen seien; ein Beweis dafür scheint mir aber in keiner Weise
zu existiren, und die Ansicht Decandolle's, der auch die Herren
Tulasne beistimmen, dafs nämlich hier nur ein geselliges Auftreten statthabe, die richtige zu sein, und zugleich die Wider-
sprüche gegen die andern Meinungen, welche sich in der Natur
finden, zu lösen. Es ist nämlich ebenso ausgemacht, dafs dieselben Uredines, Epiteen, Puccinien u. s. w. nicht selten ohne
Nachfolger und Vorläufer auf den betreffenden Pflanzentheilen
vorkommen, dafs sie oft, wenn auch gemeinschaftlich auf demselben Blatt, doch nicht in derselben Pustel sich vorfinden. Be-

---

[1]) Icones fung. T. IV (1840), tab. V fig. 70.

achtet man die Zeit, in welcher die verschiedenen hierhergehörigen Formen, wenn sie rein, ohne Vorläufer und Nachfolger
wachsen, auftreten, so stellt sich heraus, dafs die meisten Aecidien im Frühsommer vorkommen, bis zur Höhe des Sommers,
also bis etwa zur Mitte des Juli zu Grunde gegangen sind; die
Entwicklung der Trichobasis-Arten erfolgt etwas später; noch
später treten die Coleosporien, Epiteen auf, zuletzt im Allgemeinen die Phragmidiaceen. Demgemäfs finden sich zu Ende des
Frühsommers häufig Aecidien und Uredines zusammen, und zwar
so, dafs weit entwickelte Aecidien neben jungen Uredines auftreten, wohin ohne Zweifel die von Unger l. c. p. 247 citirten
Beispiele gehören; treten später noch Aecidien auf, so kommen
sie oft mit Uromyces gemeinschaftlich vor — so am 4. Juli 1852
Aecidium Leguminosarum und Uromyces apiculatus auf Trifolium
montanum, im August d. J. Aecidium Trifolii repentis Cast. und
Uromyces appendiculatus auf Trifolium repens. Finden sich später
Epiteen, z. B. auf Rubus, so treten sie anfangs allein, bald gemischt mit Phragmidien auf, zuletzt Phragmidium allein; so
fanden sich im August d. J. Epitea Ruborum und Phragmidium,
beide in ganz reinen Räschen auf Blättern von Rubus fructico-
sus, und zwar hatte die Epitea schon viele Sporen ausgestreut,
das Phragmidium deren erst wenige entwickelt. — Auf einem
mit etwa 20 Schritten zu umgehenden Raum standen, ohngefähr
zur selben Zeit, Polygonum amphibium, Convolvulus und avicu-
lare zusammen; alle drei waren mit sehr reifer Trichobasis Polygonorum bedeckt, auf den untern Blättern des P. amphibium
zeigte sich Puccinia, die eben die Epidermis durchbrechen wollte.
In einem Garten erschien im Juni auf Bohnen Trichobasis Leguminosarum in ungeheurer Menge, einige Wochen darauf Uromyces appendiculatus, allein letzterer am zahlreichsten auf solchen
Blättern, welche weniger Trichobasis trugen, meist in besondern
Lagern. Doch war hier schon nicht selten, wegen der Menge,
in der beide Pilze auftraten, ein Ineinanderwachsen, Verschmel-
zen ihrer Stromata zu erkennen, wie dies bei so vielen andern

9 *

stattfindet. Allein in allen solchen Fällen, die ich früh genug un-
tersuchen konnte, besonders z. B. bei Trichobasis linearis und
Puccinia graminis, war ein allmähliches Ineinanderwachsen beider
Gebilde deutlich zu beobachten.

Wir sehen also, dafs fast jede Art der Brandpilze, wie
andere Pflanzen, ihre bestimmte Entwicklungszeit hat, und dafs,
wo mehrere von einer Nährpflanze getragen werden, ihre Auf-
einanderfolge den Entwicklungszeiten entspricht, welche die verschiedenen Formen auch da einhalten, wo sie allein, unvermischt
vorkommen. Wenn man daher andrerseits wahrnimmt, dafs nicht
selten scheinbar aus ein und demselben Stroma zuerst die stets
früher, dann die stets später auftretende Form von Sporen entsteht, so ist eben daraus zu schliefsen, dafs wir es nicht mit
einem gleichartigen Stroma, gleichartigen Mycelium zu thun haben,
sondern mit einem Gemisch von verschiedenen, für unsere opti-
schen Hülfsmittel nicht unterscheidbaren, von denen erst das eine,
dann das andere fructificirt, und zwar so, dafs jenes, je mehr
es dem Ende seiner Lebensfunctionen naherückt, desto mehr von
diesem verdrängt wird. Dieses Verdrängtwerden des ersten Pilzes
durch den zweiten verbietet, diesen für einen secundären Parasiten zu halten, denn er verdrängt jenen nicht in allen Fällen,
es sind dieselben Phragmidien, Uromycetes, welche häufig gemengt
mit Uredineen vorkommen, sicher allein beobachtet worden, ihre
Existenz ist also nicht nothwendig an das Vorhandensein letzterer
gebunden. Es ist daher vielmehr auszusprechen, dafs viele Brandpilze
gesellig, mehr oder minder durch- und nacheinander auf ein und
derselben Nährpflanze wachsen, dafs aber nur die gemeinsame Affinität dieser zu beiderlei Pilzen, nicht die des einen Pilzes zum
andern die Ursache des geselligen Vorkommens ist, was dadurch besonders noch einleuchtend wird, dafs Gebilde, welche denen ganz
gleichen, deren Nachfolger, Verdränger oder Gesellschafter Phragmidien sind, von solchen frei bleiben, wie dies von Epitea populina, salicina u. a. hinlänglich bekannt ist. Das Auftreten von
zweierlei Brandpilzen in ein und denselben Pusteln ist dann fast

absolut nothwendig, obgleich beide nur Gesellschafter sind, wenn, wie dies so oft vorkommt, der erste das Nährgewebe dergestalt occupirt, die Epidermis an so vielen Orten durchbricht, dafs der zweite kaum anderswo Platz findet, sich zu entwickeln, als eben an den Stellen, die ihm der erste durch die Abnahme seines Lebensturgor zugänglich macht; und in andern Fällen mag der Umstand mitwirken, dafs irgendwelche, unserer Beobachtung bis jetzt entgangene Umstände den Myceliumsfäden der einen wie der andern Art ein und dieselbe Stelle der Nährpflanze zur Entwicklung besonders günstig machen, daher sich beide dorthin ziehen, vermischen, und erst durch die Sporenbildung als zweierlei verrathen.

Eine detaillirte Beschreibung der pathologischen Veränderungen zu geben, welche die Brandpilze im Pflanzengewebe bewirken, mufs ich defshalb unterlassen, weil ich es für wichtiger gehalten habe, auf die Brandpilze selbst zunächst die Aufmerksamkeit zu richten, und daher diese Verhältnisse nur soweit verfolgte, als es für eine richtige Kenntnifs und Verständnifs der Bildung und Entstehung der Pilzgebilde nothwendig war. Es ist gezeigt worden, dafs die Brandpilze nicht aus dem Zellinhalt, oder dem Secret kranker Zellen entstehen, dafs sie nicht Folge, sondern Ursache pathologischer Processe sind; dadurch wurde, wie ich denke, gerade der wichtigste und bis jetzt streitigste hierhergehörige Theil der Pflanzenpathologie erörtert. Dafs eine Anhäufung von Pilzfäden, Bildung von Sporenlagern u. s. w. Compression von Zellen, Verdrängung derselben, Perforation ihrer Wandungen, Turgescenz der Pflanzentheile und in Folge davon Pustel- und Warzenbildung, Ruptur der Epidermis und dergl. bewirken mufs, versteht sich von selbst. Ebenso natürlich ist es, dafs diese durch die Gegenwart des Entophyten gesetzten Verhältnisse mannigfache Störungen in der Ernährung, in der Bildung und dem Wachsthum der Zellen, also auch in der

Ausbildung der betreffenden Pflanzentheile, oder der ganzen
Pflanzen erzeugt, wovon das gänzliche Mifsrathen der von Carbo
und Caries befallenen Getreideähren, das allmäbliche Absterben
der von Roestelia stark heimgesuchten Birnbäume, der üble Einflufs, welchen der Rost auf den Ertrag der Felder übt, allgemein bekannte Beispiele sind.

Der Parasit zieht seine Nahrung aus dem Organismus, an
welchen er zu seiner Existenz gebunden ist. Dem Thier wird
dies durch seine Frefswerkzeuge möglich; die Pflanze, welche
nur durch geschlossene Zellen die Stoffe zu ihrer Ernährung
aufnehmen kann, kann dies allein dadurch bewirken, dafs ihre
chemische Beschaffenheit derart ist, dafs sie eine Affinität zu
den Säften ihres Nährorganismus besitzt, und durch dieselbe
eine Anziehung auf diese übt; dieselbige Affinität mufs es auch
sein, welche die Wurzel der phanerogamen Schmarotzerpflanze
wie den Zellfaden des Pilzes in das Gewebe der Nährpflanze
einzudringen zwingt.

Aus dieser gegenseitigen Anziehung zwischen den Säften
der Nährpflanze und dem Parasiten erklärt sich die so häufig
in der Umgegend des letztern vorkommende locale Hypertrophie,
welche bei den Brandkrankheiten entweder in abnormer Zellvermehrung oder in abnormer Verdickung der Zellmembran besteht. Letztere Erscheinung fand Unger in den Blättern von
Asarum europaeum, durch *Puccinia Asari* bewirkt; für jene
bieten besonders Ustilago Maydis und Roestelia cancellata auffallende Beispiele dar. Man erkennt in den oft über faustgrofsen
Beulen, welche der erstgenannte Pilz an Stengel und Blüthentheilen der Maispflanze bewirkt, dafs sie nicht nur dem wuchernden und zu Massen angehäuften Pilz, sondern grofsentheils einer
lebhaften Zellvermehrung durch Theilung in der Umgegend desselben ihr Entstehen verdanken, einer Bildung von sehr zahlreichen mit Protoplasma dicht erfüllten und mit grofsen Kernen
versehenen Zellen, ähnlich denen, aus welchen sich im jungen
Fruchtknoten das Albumen normaler Weise bildet. Ihr Entstehen

mufs zur Ursache haben, dafs ihren Mutterzellen verarbeitbare Stoffe in abnormer Quantität zuströmen, diese müssen wiederum durch den eingedrungenen Pilz angezogen sein. Die Zellvermehrung geht bis zu einem gewissen Punkt, der wohl einerseits durch die Menge des Pilzmyceliums, andererseits durch die Natur der Maispflanze selbst vorgesteckt ist; dann folgt Verdrängung und Resorption des Gewebes durch den zur Reife gelangenden Pilz.

Weniger bedeutend und von geringerer Zerstörung gefolgt ist die Hypertrophie an den Stellen der Birnblätter, welche Roestelia cancellata bewohnt. Wenn nach Ausbildung der Spermogonien das im Blattgewebe wuchernde Mycelium zur Bildung der Sporenlager fortschreitet, beobachtet man, neben der vom ersten Auftreten an bestandenen Lageveränderung der Zellen und Entfärbung, Rothwerden ihres Inhalts, im Blattdiachym eine lebhafte Zellvermehrung, als deren Resultat ein Gewebe aus dicht gedrängten, kleinen, fast cubischen Zellen erscheint, das im Durchschnitt eine weiße Farbe zeigt von zahlreichen Amylonkörnchen, welche die Zellen erfüllen.

Aehnlichen mehr oder minder intensiven chemischen und mechanischen Einwirkungen des Entophyten, Wechselwirkungen zwischen Entophyt und Nährpflanze sind alle localen und allgemeinen Deformitäten und Anomalien in der Ernährung und Ausbildung dieser zuzuschreiben; Hypertrophie und Atrophie, partielles Absterben, welches sich durch Roth- oder Gelbwerden der Umgebung des Brandpilzes anzeigt, die Krankheiten, welchen der Nährorganismus ganz oder theilweise durch die Gegenwart des Parasiten verfällt.

Was die *Behandlung* der Brandkrankheiten betrifft, so kann es sich hier nur darum handeln, die therapeutischen Indicationen festzustellen; sie werden bedingt durch die Natur der Pflanzen überhaupt und die Vegetationsweise der Parasiten. Aus diesen beiden Momenten ergibt sich, dafs der Brandpilz, wo er einmal aufgetreten ist, nur durch rechtzeitige Entfernung und Zerstörung des Theils unschädlich gemacht werden kann, in dem er sich eingenistet hat, wodurch natürlich bei Pilzen, welche Theile bewohnen, wegen deren Benutzung man die betreffenden Pflanzen cultivirt, wie die Aehren der Cerealien, für den Augenblick nichts genützt wird. Einen Erfolg für die Landwirthschaft wird man daher nur dadurch erzielen, dafs man überhaupt die Entwicklung der Brandpilze in aller Art zu verhindern sucht, also ihre Sporen, den »Brandstaub« möglichst zerstört. Dies scheint durch die verschiedenen Beizen, deren sich die Landwirthe zur Desinficirung der Saatkörner bedienen, wie aus den oben stehenden Versuchsresultaten erhellt, allerdings, und zwar hauptsächlich durch Kupfervitriol und Kalk bewirkt zu werden; allzu stark einwirkende Mittel, wie Schwefelsäure, würden zwar sicherlich die Pilzsporen zerstören, andererseits aber wohl auch auf die Samen ungünstig einwirken. Mir selbst fehlte die Gelegenheit, über die anzuwendenden Mittel zu experimentiren; den Landwirthen mögte ich den Gegenstand zur weitern Untersuchung empfehlen.

Am sichersten würde der bezeichneten Indication genügt werden, wenn man die Entwicklung der Sporen durch Zerstörung des Myceliums mit dem betreffenden Theil der Nährpflanze ganz hintertriebe, was, bei brandigen Aehren, Körnern, Früchten, keinenfalls Schaden brächte, da ja mit ihnen doch nichts anzufangen ist. Den Rost der Stengel und Halme auf diese Art zu entfernen, würde unzweckmäfsig sein, da er den Ertrag zwar mindern kann, aber doch nicht ganz aufhebt. Möglichst frühzeitiges sorgfältiges Auslesen, Entfernen und schleuniges Zerstören (z. B. durch Verbrennen) brandiger Aehren aber würde einerseits die Benutzung ihrer Halme und Blätter als Futter oder Stroh nicht unmöglich machen, andrerseits aber der Uebertragung des Brandes auf künftige Generationen wesentlichen Einhalt thun, und sie jedenfalls vermindern, wenn auch auf grofsen Ländereien die Entfernung aller brandigen Aehren nicht mit absoluter Genauigkeit geschehen kann.

Den Obst- und Blumenzüchtern aber ist dringend anzu-
empfehlen, von ihren Birn- und Rosenstöcken u. a. die Blätter
schleunigst zu entfernen, an welchen sich die charakteristischen
Vorboten der Rostentwicklung, die bekannten gelben Flecke zeigen, da hier gerade der Rost oft wesentlichen Schaden stiftet.
Doch mufs dies vor der Entwicklung der Pilze geschehen, denn
wenn erst die Sporen auszufallen beginnen, ist die Gefahr des
Rostschadens fürs folgende Jahr wieder drohend, und schwer
zu beseitigen. Auch aus dem Dünger sind alle Brand und Rost
zeigenden Pflanzentheile fern zu halten. Eine Befolgung dieser
Mafsregeln, eine Vervollkommnung derselben durch Versuche,
wird ohne Zweifel, als auf Beobachtungen beruhend, günstige
Resultate liefern.

Erklärung der Abbildungen.

200. Zwischen den Zellen liegen, der Epidermis zunächst, bei
b fast reife, bei *c* eine ganz reife Spore. Weiter nach der Mitte
des Blattstiels hin: *a* junger, gegliederter, körniges Protoplasma
enthaltender Myceliumsfaden, bei *x* erster Anfang zur Bildung
einer Spore. Fig. 10 Myceliumsfaden mit einer reifen (*b*) und einer
jungen Spore (*a*) nach Maceration in warmem Wasser freipräparirt.
Vergr. 200. Fig. 11 ein solcher mit 2 jungen Sporen nach Maceration mit Kalilösung freipräparirt. Vergr. 300. Fig. 12 *a* fast
reife, *b* ganz reife Spore; *c* eine solche mit Jod und Schwefelsäure; die Membran aufgequollen, blau, der Inhalt in 2 Oeltropfen und einen körnigen Theil gesondert. Vergr. 300.

Tafel II.

Fig. 1. Junge Sporen von *Protomyces macrosporus* (*x*) zwischen den
Zellen des Blattstiels von Aegopodium. Querschnitt. Vergr. 200.

Fig. 2. Sporen eines *Protomyces* aus den Blättern von Menyanthes
trifoliata, (Pr. Menyanthis) $\frac{1}{14}'''$ lang, $\frac{1}{111}'''$ breit.

Fig. 3 u. 4. *Cystopus candidus*, vom Stengel von Tragopogon major.
Feiner Längsschnitt, mit der Nadel etwas gelockert. Die Epidermis
über den Sporen ist wegpräparirt. Auf den Gewebszellen (*g*)
sieht man bei *m* Mycelium, bei *s* die sporenbildenden Aeste des
Pilzes. Vergr. 200. Fig. 4 der Ast *s'* der vorigen Figur 300mal
vergrößert; *a* zeigt die Sporenbildung, *b* den ganzen Ast mit
seinem Mycelium nach Behandlung mit Jod; *i* junger sporen-
bildender Ast.

Fig. 5—7. *Cystopus candidus* von Capsella Bursa pastoris. Vergr. 300.
Fig. 5 u. 6 aus freier Hand, daher etwas größer gezeichnet, als
Fig. 7, die mit dem Zeichenprisma entworfen. Alle 3 Figuren
zeigen verzweigte Myceliumsfäden (*m*) mit zusammengezogenem
Inhalt und weiter Membran, und büschelig beisammenstehende
sporenbildende Aeste verschiedenen Alters, mit gleichem Inhalt
und Membran (*s*). In Fig. 5 *a* ist die Membran eines Sporen-
astes zerrissen, der fadenförmige Inhalt (Primordialschlauch) frei-
gelegt. Fig. 5 u. 6 ohne Maceration, Fig. 7 nach Maceration mit
heißer Kalilösung freipräparirt.

Fig. 8. *Coleosporium* von den Blättern eines Petasites; mit der Nadel
freipräparirter Schnitt. *a* Mycelium, zu dem Sporenlager (*s s'*) zu-
sammentretend. *s* ältere Sporangien mit glasiger Membran und
beginnender Sporenbildung; *s'* jüngere, von den Myceliumsfäden
kaum verschieden.

Fig. 9. Derselbe Pilz mit reifen Sporen, im Zerfallen begriffen (s).
Nur bei s', am Rande, sind dieselben noch von Sporangien völlig
umschlossen. c glashelle Sporangienspitzen, abgesprungen, zum
Theil noch mit den daran haftenden obersten Sporen.

Fig. 10. *Coleosporium* von Sonchus oleraceus. In dieser und der vor.
Figur bezeichnet *a* das Mycelium, *b* das Stroma, *s* die Sporen-
ketten, *x* einige bei der Präparation angeschnittene und entleerte
Sporen. Bei Fig. 8—10 Vergr. 200.

Tafel III.

Fig. 1—4. *Uredo suaveolens* Pers. von Cirsium arvense. Fig. 1 Spermogonium, mitten durchschnitten, auf dem Rindengewebe des
Stengels, (*r*) von der Epidermis (*e*) auf der einen Seite bedeckt;
auf der andern ist die Epidermis weggenommen. Vergr. 200.
Fig. 2 Durchschnitt mitten durch ein Spermogonium, mit Kalilösung gekocht und freipräparirt, 300mal vergrößert. In dieser
und der vor. Figur bedeuten: *m* Mycelium, *s* Stroma, *st* Sterigmata mit Spermatien, *p* Paraphysen. Letztere beiden Gebilde
sind in Fig. 2 durch das Kochen mit Kali undeutlich geworden.
Fig. 3 Sporenlager, ebenfalls mit Kali gekocht und freipräparirt,
300mal vergr. *m* Mycelium, *s* Stroma, *sp* Hymenium, mit Spo-
renstielen, auf denen die Sporen theils noch aufsitzen, theils
abgerissen sind. *i* junges Sporangium. Die Sporen haben ihre
Cuticula verloren, sind daher glatt. Fig. 4 Spore, welche 24 Stunden lang in einem angeschnittenen Kürbisblattstiel feucht ge-
legen; sie hat aus ihren drei Poren Keimschläuche getrieben,
von denen zwei unentwickelt geblieben. Vergr. 300.

Fig. 5. Keimende Sporen von *Trichobasis linearis*. Vergr. 300.

Fig. 6. *Uromyces appendiculatus* von Bohnenblättern; lospräparirt. Vergr. 300. *m* Mycelium, *s* Stroma, *st* durchgerissene Sporenstielchen,
a junger, *c* etwas älterer Zustand der Sporen; *c'* eine Spore in
dem Alter von *c*, deren Primordialschlauch (Endosporium) durch
Salpetersäure zur Zusammenziehung gebracht ist; *d* noch etwas
älter, mit großer Vacuole; *r* reife Sporen, *b* eine solche mit
Salpetersäure behandelt, den zusammengezogenen Primordialschlauch und, wie *c'*, den Porenkanal in der Spitze zeigend.

Tafel IV.

Fig. 1. Sporenbildung von *Puccinia graminis* P. Von *a — e* fortschreitende Entwicklung des Inhalts des Sporangium. *d* und *e*

zwei gleich alte, noch farblose Sporen von verschiedener Form. Vergr. 200.

Fig. 2. Fast reife Sporen von *Puccinia coronata* C o r d a. Vergr. 300.

Fig. 3. *Epitea Ruborum* von Rubus Idaeus. *a* Blattparenchym, *p* Paraphysen, rings um das Sporenlager (*sp*) gestellt, von dem sich einige Sporen (*s*) losgelöst haben. *x* eine knieförmig gebogene Paraphyse. Die Epidermis ist weggenommen. Vergr. 200. *c* junge in Bildung begriffene Sporen auf ihren (Sporangien-) Stielchen; *s'* eine reife, losgeschnürt; *c* und *s'* 300mal vergr.

Fig. 4. *Epitea* auf Lolium perenne. Feiner Querschnitt durch ein Blatt. *p* Parenchymzellen dieses; zwischen denselben das Mycelium des Pilzes. Dasselbe ist unter der Epidermis (*e*), die es durchbricht, zum Stroma vereinigt, aus dem sich Sporen (*s*) verschiedenen Alters und Sporenstielchen, deren Sporen abgefallen sind, und am Rand kopfige Paraphysen (*b*) erheben. Vergr. 300.

Fig. 5 u. 6. *Epitea* von der untern Blattfläche von Salix aurita. Fig. 5 *st* = Stroma mit dazwischenliegenden vertrockneten Parenchymzellen des Blattgewebes. *a* äufsere keulige, *b* innere kopfförmig erweiterte Paraphysen. Zwischen denselben stehen zahlreiche Sporenstielchen, von welchen die Sporen (*s*) schon sämmtlich abgefallen sind. Vergr. 200. Fig. 6 ein Stückchen des Sporenlagers mit der Nadel auseinandergezerrt, 300mal vergröfsert. *a* eine abgerissene Paraphyse vom Rand. *b* = *b* von Fig. 5; rechts eine oben und unten erweiterte, in der Mitte zusammengeschnürte Paraphyse. *s* = Spore. *st* zahlreiche Stielchen, von denen die Sporen schon abgefallen.

Fig. 7. *A.* Ein Stück des Sporenlagers einer *Epitea* von der untern Blattfläche von Salix nigricans. Zeigt abgerissene Sporenstielchen, und die Sporenentwicklung; *a* jüngster, *s* ältere Zustände, *b* Paraphyse; *s'* eine reife Spore mit Salpetersäure behandelt, mit zusammengezogenem Endosporium. *B.* Ein losgerissener Faden aus dem Stroma mit einem abgerissenen, einem ganz jungen (*b*) und einem ältern Ast (*a*) (Sporenstielchen), in deren Spitze Sporen gebildet werden. Vergr. 300.

Fig. 8 u. 9. *Phragmidium incrassatum* von der untern Blattfläche von Rubus caesius, mit der Nadel freipräparirt. Entwicklung der Sporangien und Sporen in der Reihenfolge von *a* bis zur völligen Reife, *f* fortschreitend. *p* Paraphysen. An der zwischen 8 u. 9 abgebildeten Sporidie sitzt noch ein Stück des sterilen Pilzfadens unter dem stielförmigen Theil des Sporangium. Vergr. 300.

Fig. 10. *Phragmidium obtusatum* von der untern Blattfläche der Potentilla argentea. Losgelöste Sporidien, 300mal vergr. Entwicklung von *a* nach *f* fortschreitend, *f* reifes Sporidium, dessen Stiel noch auf einem Fadenstück des Stroma aufsitzt.

Tafel V.

Fig. 1—5. *Aecidium Euphorbiae.* Fig. 1 junges Spermogonium, noch von der Epidermis der untern Blattfläche bedeckt. Vergr. 200. Fig. 2 Durchschnitt durch zwei reife Spermogonien, deren Paraphysen die Epidermis (*e*) durchbrochen haben; das eine ist im übrigen unversehrt; die Spermatien (*sp*) treten in Masse zwischen den Paraphysen (*p*) hervor; das andere ist auseinandergezerrt, zwischen den Paraphysen zeigt es die Spermatien auf ihren Sterigmen (*sp*). Fig. 3 Sterigmata, an deren Spitze die Spermatien gebildet werden. Vergr. 300. Fig. 4 der Pilz freipräparirt, aus einem mit Kali erhitzten Schnitt, 70mal vergr. *m* Mycelium, aus dem sich zwei Spermogonien, *a* und *a'*, und ein ganz junges Perithecium, *b*, erheben. Fig. 5 Myceliumsfäden, 300mal vergr.

Fig. 6 u. 7. *Aecidium Berberidis.* Fig. 6 Durchschnitt durch zwei reife Spermogonien, die im Blattgewebe sitzen und deren Paraphysen die Epidermis durchbrochen haben. Vergr. 200. Fig. 7 eine Anzahl Sterigmata auf ihrem Stroma und Mycelium (*m*). Die Spermatien (*sp*) sind sämmtlich abgelöst. Vergr. 500.

Fig. 8. *Aecidium Grossulariae* in einem hypertrophirten Fleck eines Blatts von Ribes nigrum. Der ganze Fleck ist mitten durchschnitten, 40mal vergr. Auf der obern Blattfläche 4, auf der untern 2 alte Spermogonien, *sp*, von denen eines, *sp'*, schief durchschnitten ist. *p* ein ziemlich glücklich, *p'* ein schief durchschnittenes reifes Sporenlager; beide zeigen in der Hülle nur noch wenige Sporen. *p''* ganz kleiner Abschnitt eines solchen; alle drei brechen auf der untern Blattfläche hervor.

Tafel VI.

Fig. 1. Junges Sporenlager von *Aecidium crassum* im Blattgewebe von Rhamnus cathartica. *e* Epidermis, *b* Parenchym, *q* Perithecium, noch ringsum geschlossen. *p* Sporenhülle, *sp* junge Sporenketten. Vergr. 200.

Fig. 2. *Aecidium Trifolii repentis* Cast. Vom Blüthenstiel v. Trifolium repens. Feiner Durchschnitt durch zwei reife Sporenlager, ohne weitere Präparation, 200mal vergr. *e* die durchbrochene Epidermis.

Die beiden Perithecien (*q*) berühren sich, sind jedoch deutlich
von einander zu unterscheiden. Das Mycelium wuchert zwischen
den Parenchymzellen, und drängt diese auseinander. *x* einzelne
zwischen den Perithecien sichtbare Zellenlumina. Im Uebrigen
dieselben Bezeichnungen wie bei der vorigen Figur.

Fig. 3. Zwei junge Sporenketten von *Aecidium Urticae*, isolirt, 300mal
vergr. *x* ältester Theil derselben (Spitze); und eine solche von
Aecidium leucospermum DC (auf Anemone nemorosa), 200mal
vergr. Sie besteht aus 3 Sporen und einem Basidium, in dessen
Spitze Protoplasma zur Bildung einer neuen Spore angehäuft ist.

Fig. 4. Ein Stück der Sporenhülle (Pseudoperidium) von *Aecidium Parnassiae* ausgebreitet, 200mal vergr. Zeigt, noch im vollkommen
reifen Zustande, deutlich die reihenweise Anordnung seiner Zellen.

Tafel VII.

Fig. 1. Längsschnitt durch ein Sporenlager des *Aecidium Grossulariae*,
von der untern Blattfläche von Ribes nigrum. Auf dem bei *b* zwischen vertrockneten Zellen des Blattparenchyms wuchernden, bei
m freien Mycelium, sitzt ein Perithecium, *q*, welches durch das
reife Sporenlager, sammt der Epidermis des Blattes (*e*), durchbrochen ist. Das Perithecium selbst ist schon roth, holzig geworden.
Das Sporenlager zeigt unversehrte Sporenketten, *sp*, von ihren
Stützschläuchen, *a*, getragen, und von dem Pseudoperidium, *p*,
umgeben. *q'* und *p'* deuten Perithecium und Pseudoperidie eines
dicht angränzenden Sporenlagers an. Vergr. 200.

Fig. 2. *Aecidium Urticae*. Durchschnitt durch einen Theil zweier reifer
Sporenlager, mit ihrem Mycelium, *m*, und dem Stengelparen-
chym, *b*, 200mal vergr., mit der Nadel auseinandergezerrt, um
das Mycelium deutlich zu zeigen. Die Sporenketten sind bis auf
ihren untersten Theil (*sp*) weggenommen. *q* Perithecien, in welche
das Mycelium übergeht, *p* Pseudoperidien, deren eine nach rechts
geschlagen ist, während die andere, ausgebreitet, den Bau deutlich
zeigt.

Tafel VIII.

Fig. 1 u. 2. *Roestelia cancellata* von Birnblättern. Fig. 1 junges Perithecium, in der Mitte des veränderten Blattgewebes, zeigt im Innern die Anlage des von der Paraphysenhülle umgebenen Sporenlagers. Vergr. 70. *o* nach der oberen, *u* nach der unteren Blattfläche
gekehrt. Die beiden Pole des Perithecium sind um diese Zeit von

den entsprechenden Blattflächen gleichweit entfernt. Fig. 2 Hyphen, welche das junge Perithecium bilden, mit der Nadel auseinanderpräparirt, 300mal vergröfsert.

Fig. 3—8. *Roestelia cornuta* von Blättern von Sorbus Aucuparia. Fig. 3 200mal, die übrigen 300mal vergr. Fig. 3 *a* Stück eines verholzten Perithecium, *sp* Masse von Sporenketten. Die Paraphysenhülle zwischen beiden ist weggenommen. Fig. 4 Sporenketten, theils zerrissen, theils noch ganz, von verschiedenem Alter. Fig. 5 unterster Theil einer Paraphysenhülle, aus dem Grunde eines Peritheciums lospräparirt und ausgebreitet. *a* jüngste, noch freie Zellen; *b* ältere, schon verdickte, unregelmäfsig durcheinandergeschoben und zusammenhängend. Fig. 6 ausgewachsene Zellen von der Spitze derselben Hülle. Fig. 7 Querschnitt durch eine fast reife Hülle; *a* Aufsen-, *i* Innenfläche. Fig. 8 reife Sporen.

BERLIN, DRUCK VON GUSTAV SCHADE,
Oranienburgerstr. 27.

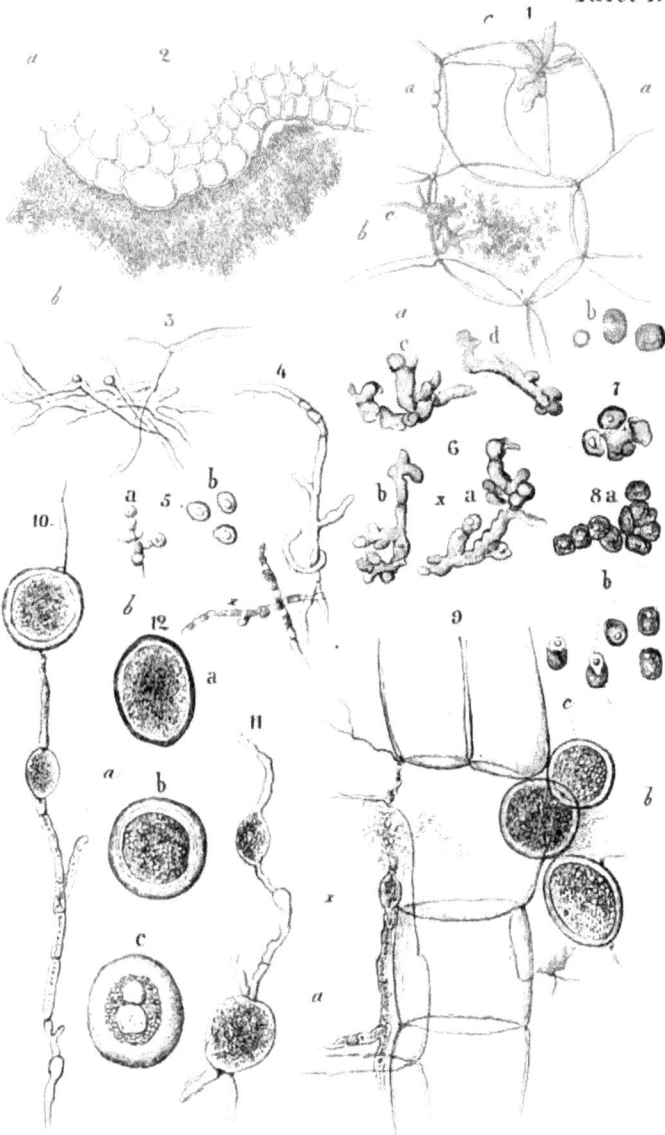

Tafel I.

A. de Bary del

Lith Anst v. G. Reubke, Berlin

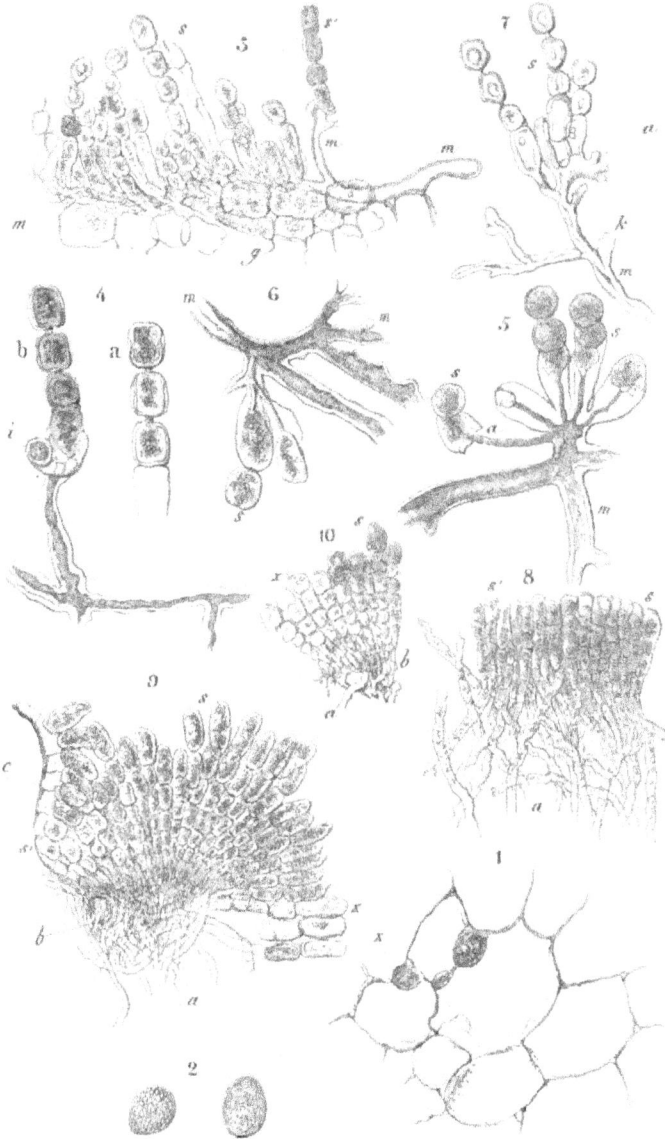

Tafel II.

A de Barry del.

Lith. Anst. v. G. Feuble, Berlin

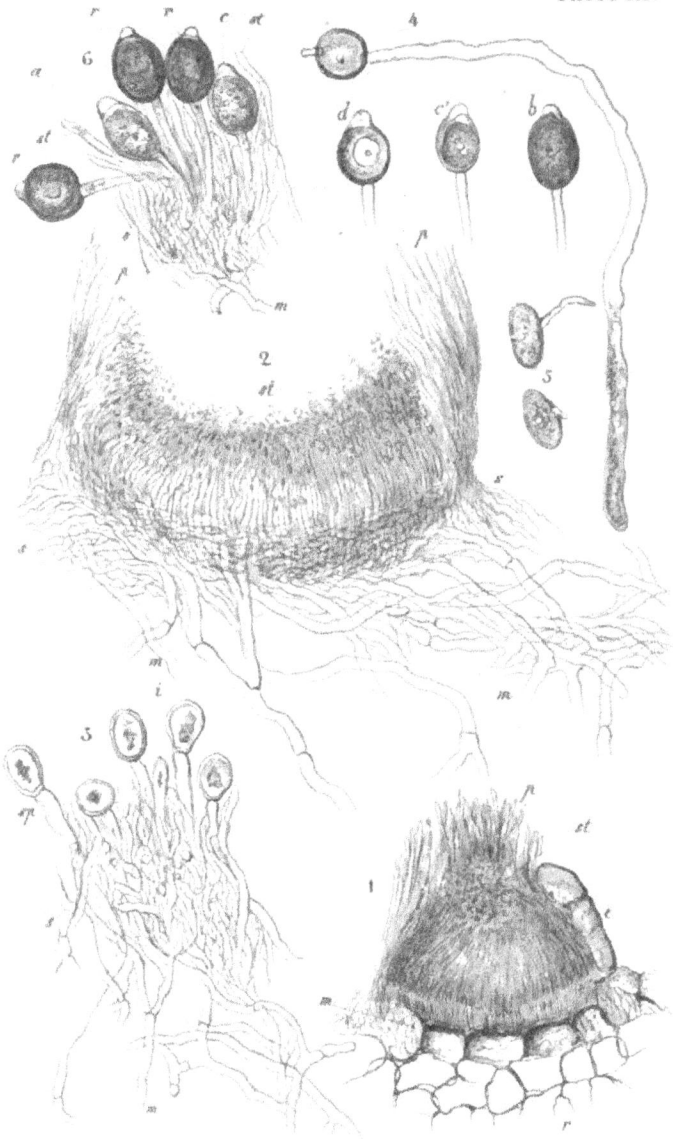

Tafel III.

A. de Barry del.

Lith. Anst. v. G. Eschke Berlin.

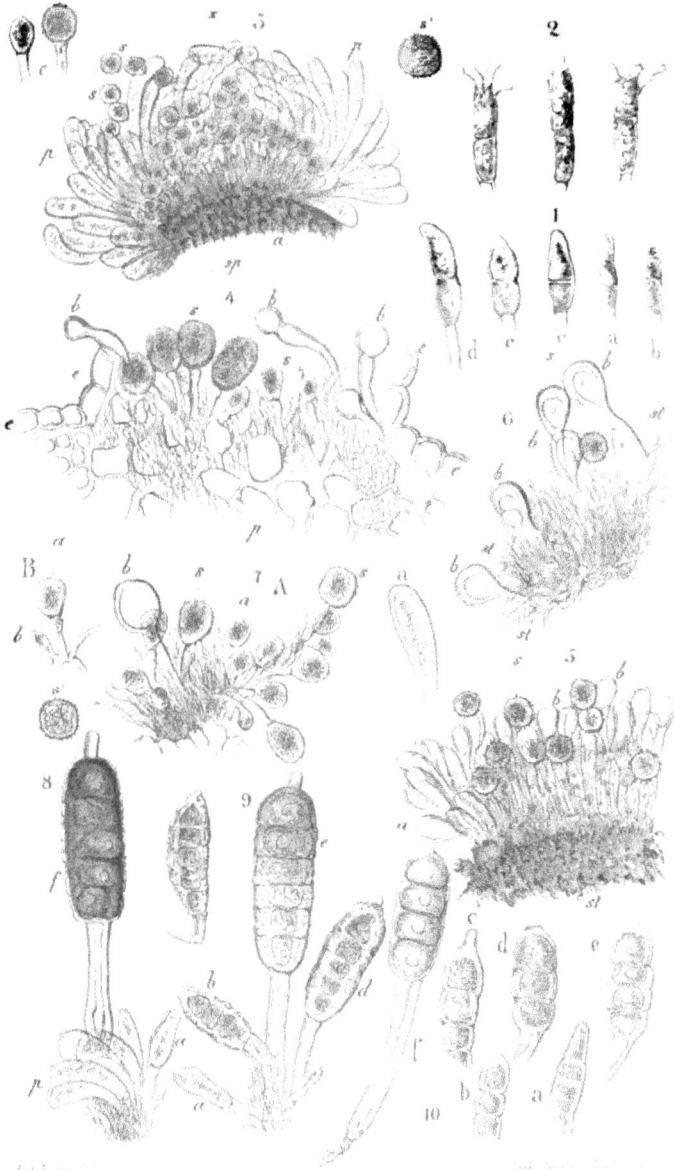

Tafel IV.

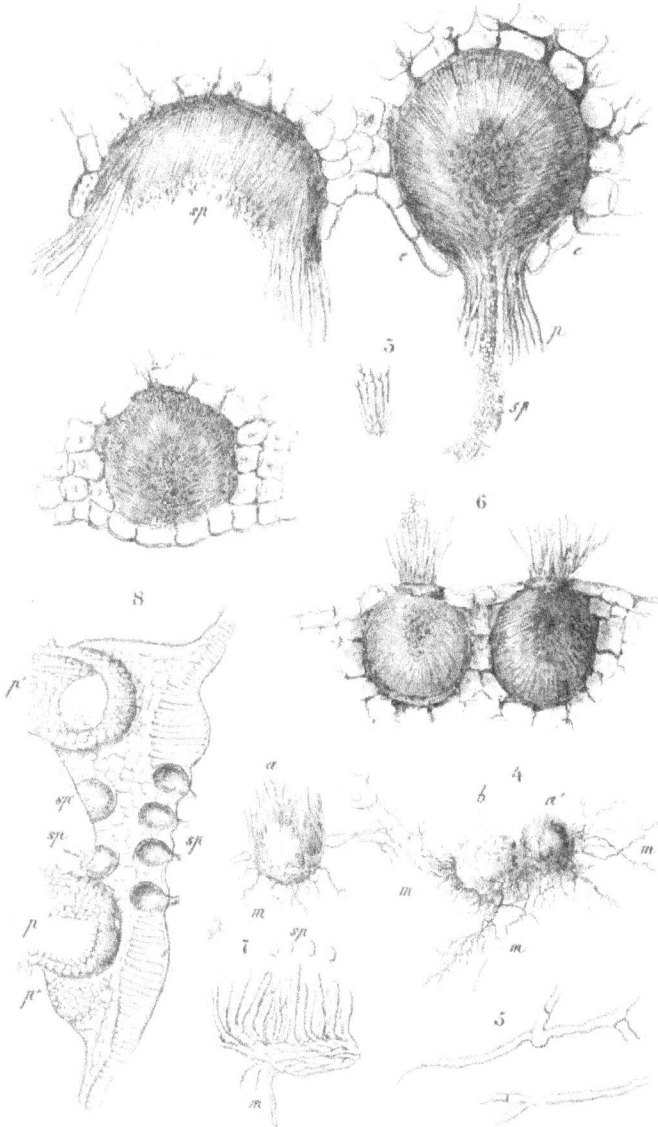

Tafel V.

A. de Barry del.

Lith. Anst. v. G. Reubke, Berlin.

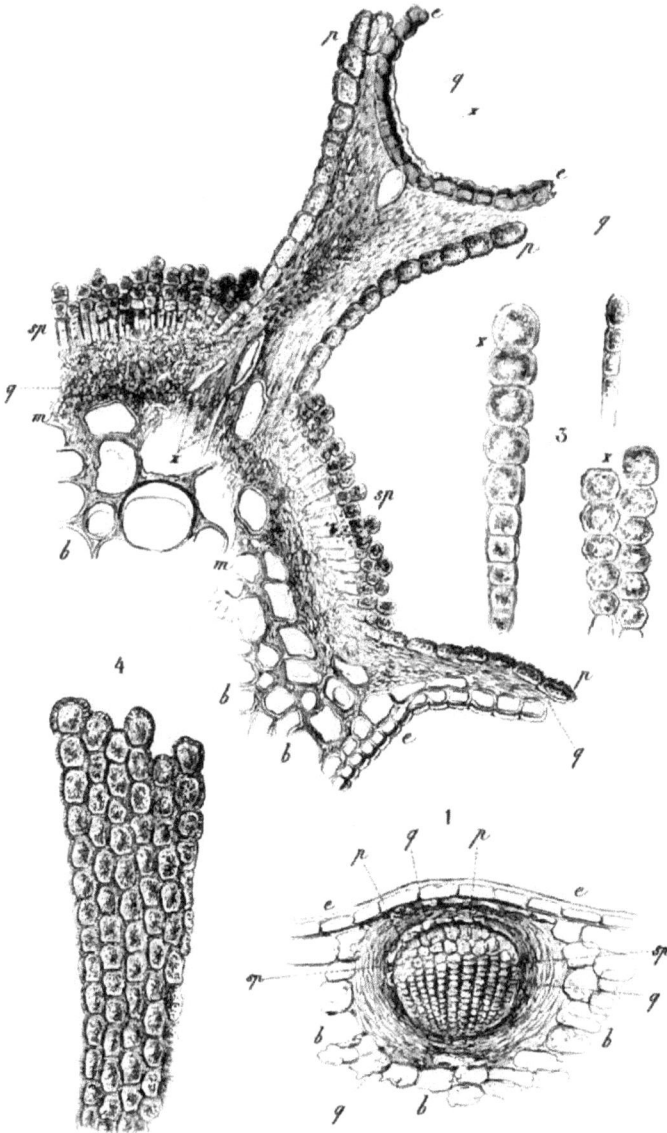

A. de Barry del.

Lith. Anst v G Reubke, Berlin.

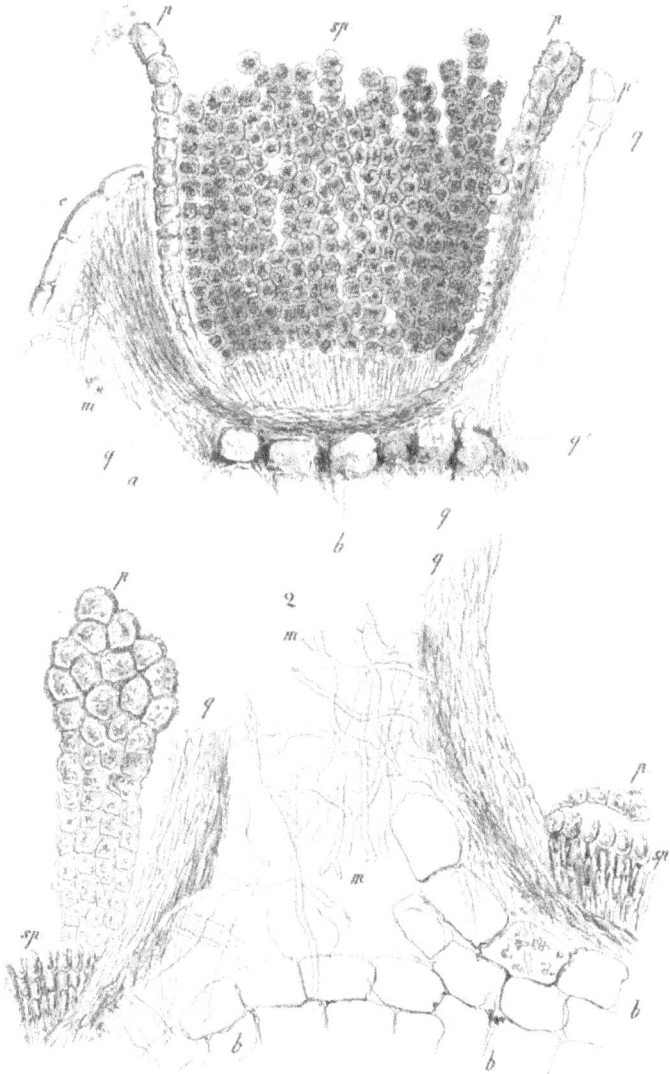

A. de Barry del.

Lith. Anst. v. G. Reubke, Berlin.

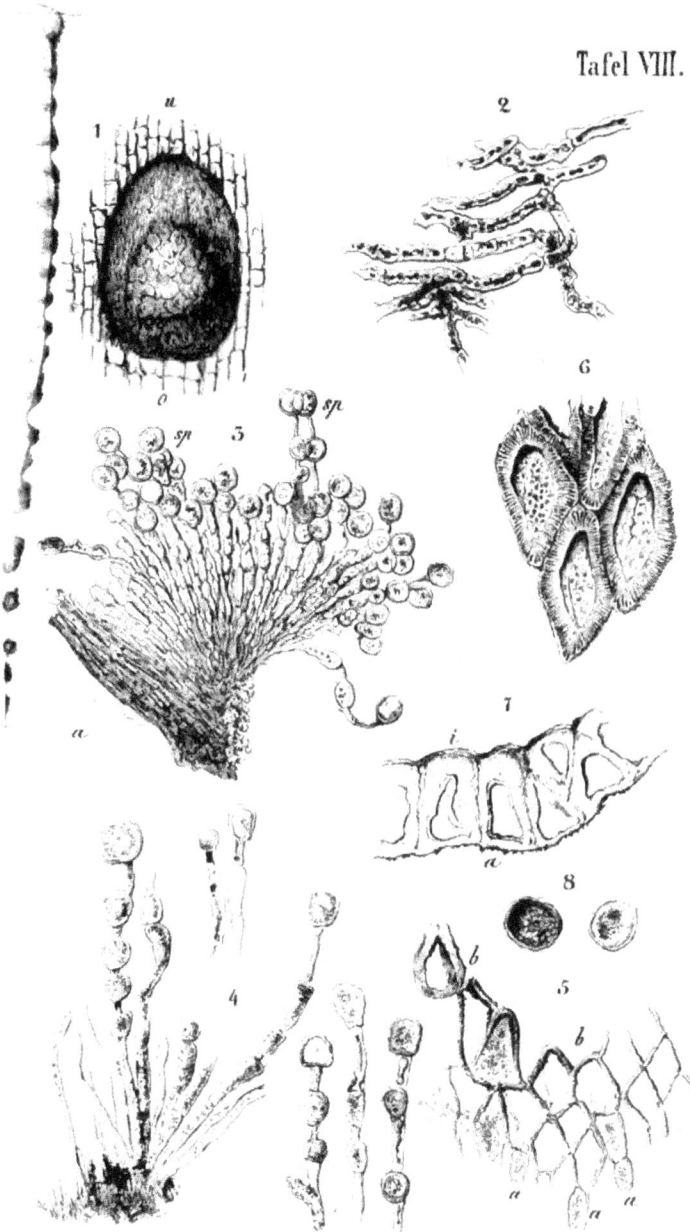

A. de Barry del.

Diesem Werke ist eine literarische Anzeige über

Schriften

von

H. Schacht, H. W. Dove, A. de Bary, J. Hanstein etc.,

welche im Verlage von **G. W. F. Müller in Berlin**
(Geschäftslocal: Unter den Linden 23, Privatwohnung: Bendlerstraße 37)
erschienen und durch alle Buchhandlungen zu beziehen sind,

beigefügt, auf welche hierdurch aufmerksam gemacht wird.

Im Verlage von **Fried. Vieweg und Sohn** in Braun-
schweig ist erschienen:

Die Grundzüge

der

Landwirthschaft.

Ein Lehrbuch

für

den Selbstunterricht

und zum Gebrauch in landwirthschaftlichen Lehranstalten.

Nach dem Cours élémentaire d'agriculture von Girardin und Du Breuil
selbständig bearbeitet

von

Dr. Wilhelm Hamm,

Redacteur der Agronomischen Zeitung, Ehrenmitglied des landwirthschaftlichen Vereins
für das Königreich Bayern, der k. freien ökonomischen Gesellschaft zu Petersburg ꝛc.

Mit 1500 in den Text eingedruckten Abbildungen.

gr. 8. Fein Velinp. geh. In zwei Bänden. In Doppellieferungen von 12 Bogen.

Preis jeder Doppellieferung 1 Thlr.

(Erschienen ist: Lieferung 1 bis 10.)

www.ingramcontent.com/pod-product-compliance
Lightning Source LLC
Chambersburg PA
CBHW070919270326
41927CB00011B/2637